Tirso de Molina

El caballero de Gracia

Barcelona **2024**
Linkgua-ediciones.com

Créditos

Título original: El caballero de gracia.

© 2024, Red ediciones S.L.

e-mail: info@linkgua.com

Diseño de cubierta: Michel Mallard.

ISBN tapa dura: 978-84-1126-237-8.
ISBN rústica: 978-84-9816-493-0.
ISBN ebook: 978-84-9897-048-7.

Cualquier forma de reproducción, distribución, comunicación pública o transformación de esta obra solo puede ser realizada con la autorización de sus titulares, salvo excepción prevista por la ley. Diríjase a CEDRO (Centro Español de Derechos Reprográficos, www.cedro.org) si necesita fotocopiar, escanear o hacer copias digitales de algún fragmento de esta obra.

Sumario

Créditos _____ 4

Brevísima presentación _____ 7
    La vida _____ 7

Personajes _____ 8

Jornada primera _____ 9

Jornada segunda _____ 57

Jornada tercera _____ 95

Libros a la carta _____ 137

Brevísima presentación

La vida
Tirso de Molina (Madrid, 1583-Almazán, Soria, 1648). España.
Se dice que era hijo bastardo del duque de Osuna, pero otros lo niegan. Se sabe poco de su vida hasta su ingreso como novicio en la Orden mercedaria, en 1600, y su profesión al año siguiente en Guadalajara. Parece que había escrito comedias y por entonces viajó por Galicia y Portugal. En 1614 sufrió su primer destierro de la corte por sus sátiras contra la nobleza. Dos años más tarde fue enviado a la Hispaniola (actual República Dominicana) y regresó en 1618. Su vocación artística y su actitud contraria a los cenáculos culteranos no facilitó sus relaciones con las autoridades. En 1625, el Concejo de Castilla lo amonestó por escribir comedias y le prohibió volver a hacerlo bajo amenaza de excomunión. Desde entonces solo escribió tres nuevas piezas y consagró el resto de su vida a las tareas de la orden.

Personajes

Jacobo, el Caballero de Gracia
Ricote, lacayo
Isabela, dama
Decio, criado
Lamberto, caballero
Julio Cataño
Esperanza, criada
Camilo, caballero
Sabina, dama
Conrado, caballero
Ginés
Paulo Adorno, caballero
El cardenal Espinosa
Don Cristóbal de Mora
Don Pedro, caballero
Fisberto, caballero
La Princesa doña Juana
Don Diego, caballero
Don Juan
El Rey Felipe II
Inés, criada
Roberto
Un Ángel
Un Capitán
Un Criado
Un Paje
Un Pintor
Músicos

Jornada primera

(Sale el Caballero de Gracia y Lamberto, su cuñado.)

Lamberto	Pues a mi cargo has quedado, tu remedio está a mi cuenta, y así quiero darte estado.
Caballero	Si tu amor honrarme intenta, trueca el nombre de cuñado en el de hermano apacible; no fuerces mi inclinación, mira que es cosa terrible, sabiendo mi condición, casarme.
Lamberto	Ya es imposible deshacerse este concierto.
Caballero	¿No ves que ya mi edad pasa de los límites, Lamberto, que piden bodas?
Lamberto	Tu casa, como sin hijos han muerto tus padres, reduce en ti mi nobleza y sucesión. Palabra a Jacobo di de casarte, y no es razón no cumplirla.
Caballero	Resistí a mis padres tantos años el peso del casamiento,

           Argel de penas y engaños,
sirviéndome de escarmiento
sucesos propios y extraños
   que ya en mis amigos veo,
ya entre mis parientes toco,
ya en varias historias leo,
¿y quieres volverme loco
violentando mi deseo?

Lamberto   Lo que no pudieron ellos
podrá hoy mi autoridad.

Caballero   Nunca enlaza amor dos cuellos
por fuerza, ni hay voluntad
que vaya por los cabellos.

Lamberto   En individuos tributo,
¿será bien que tú seas menos
que un roble tosco, que un bruto?
.... [-enos]
.... [-uto].

Caballero   Ya que tú casado estás
con Isabela, mi hermana,
el ser resucitarás
de nuestra casa.

Lamberto   ¡Qué vana
excusa a mis ruegos das!
   No se estima por mujer
la línea que ilustra al hombre
y da al hijo todo el ser,
pues del padre toma el nombre
quien se quiere ennoblecer.

      Deja de filosofar
y advierte que me encargó
que te obligase a casar
tu padre, cuando murió.
Y que a Sabina has de dar,
  mi hermana, la mano y si,
pues de Ferrara ha venido
solo a este efecto, o de aquí
has de irte.

Caballero   No es mal partido
el último para mí;
  pues si es el conyugal peso
de los cuerdos tan rehusado
y a tantos priva del seso,
más vale estar desterrado
que no vivir siempre preso.
  Mi natural es más quieto,
pues a la iglesia me inclino;
déjame, si eres discreto,
seguir aqueste camino,
más seguro y más perfeto.

Lamberto   Sabina es noble y honesta,
y en fin, mi hermana, que basta;
a mi gusto está dispuesta;
la mujer ilustre y casta
ni es liviana ni es molesta.
  De la tuya soy esposo,
si tú lo eres de la mía,
y a su dote caudaloso
juntas tu hacienda, sería
un parentesco dichoso
  el nuestro, y no habrá poder

        que en Módena nos iguale.
Esto, Jacobo, ha de ser.

Caballero   La hacienda, hermano, ¿qué vale
en manos de una mujer?
    Gózala toda, y no intentes
cautivar mi voluntad
con tantos inconvenientes.

Lamberto   Cuando mires su beldad,
sus costumbres excelentes,
    su discreción y valor,
aunque un mármol fueses frío,
te has de abrasar en su amor.
Jacobo, éste es gusto mío,
no provoques mi rigor,
    en una quinta te espera,
hoy las vistas han de ser;
imita a la primavera
en galas, porque es mujer
de buen gusto, y no quisiera
    que en ti hallase imperfección
que su amor desazonase.
Háblala con discreción
y finge, aunque no te abrase,
que eres de su Sol Faetón;
    no apartes los ojos de ella,
suspira de cuando en cuando,
tómala la mano bella.
Si estás con otros hablando,
hazla entender que, por ella,
    ni en lo que dices estás
ni a propósito respondes,
y de esta suerte verás

>   qué presto en tu pecho escondes
>   el gmór que huyendo vas
>   y que empiezas a adorar
>   lo que, por no conocer,
>   hasta aquí te dio pesar;
>   que esto de amar y comer
>   no está en más que en comenzar.
>
>   Voy a llamar quien te vista
>   de vistas, porque has de ir luego.

(Vase Lamberto.)

Caballero   Mejor me fuera el ir ciego
                     que a tales vistas con vista.
                     Cielos, para que resista
                     tal violencia, dadme fuerza
                     antes que Lamberto tuerza
                     mi inclinación y la doble,
                     que no es la voluntad roble
                     que ha de dar fruto por fuerza.
                        Yo estoy contento, mi Dios,
                     con mi quieta soledad.
                     ¡Aquí de Dios! Libertad,
                     ¿por qué no volvéis por vos?
                     Mas diréisme que entre dos
                     conserva el Amor su estado,
                     que la soledad da enfado;
                     mas solo da luz Apolo,
                     que más vale vivir solo
                     que no mal acompañado.

(Sale Ricote con una fuente, capa y gorra con plumas, y aderezo de espada dorada.)

Ricote
    El novio recoleto
a vistas, Amor te llama;
gorra con plumas, la fama
te ofrece calza y coleto.
    Módena te espera toda
con la novia en una quinta
donde el abril mayos pinta;
goza del pan de la boda
    que te amasa la belleza
de una mujer, que ahora es
miga toda, aunque después
se te ha de volver corteza.
    Busca dientes de diamante,
porque las mujeres son,
por lo dulce, de turrón;
por lo duro, de Alicante,
    y buen provecho te haga.

Caballero
¡Ah, Ricote, que haya dado
en casarme mi cuñado!

Ricote
    El nombre te satisfaga
y haz lo que manda, no gruña,
que es cuñado con ventaja,
y en fe de serlo te encaja
su hermana en lugar de cuña.
    Vístete si has de ir allá.

Caballero
Bien sabes tú cuán pesado
tiene de serme este estado.

Ricote
    Si un yugo por premió da,
ya sospecho las molestias

de una mujer que es verdugo,
que nunca se pone el yugo
si no es para domar bestias.
  Diérante a ti andar de día
de jubileo en sermón,
no dejar congregación,
no perdonar obra pía,
  disminuyendo procesos,
consultando confesores,
reprehendiendo jugadores,
pagando deudas a presos,
  y de noche en hospitales,
entre humildes ejercicios,
desopilando servicios
y bazucando orinales.
  En oyendo el esquilón,
a pesar del lodo y vientos,
acompañar sacramentos,
dar a pobres tu ración.
  Volver a casa desnudo
y rezando Ave Marías,
cenar dos lechugas frías
y un huevo entre asado y crudo.
  Dormir sobre una tarima,
poco y mal, y cuando al alba
hacen los pájaros salva,
tener ya rezada prima.
  Que en este entretenimiento,
que otros llamarán castigo,
no estimarás en un higo
el más rico casamiento.

Caballero   Eso, Ricote, apetezco,
y sin ello me hallo mal;

     mi inclinación natural
     es, poco en ello merezco;
      pero, en fin, me dan mujer.

Ricote   Casarte y tener paciencia,
     que no es mala penitencia
     si la acostumbras a hacer;
      que, en fe de lo que aprovecha,
     puedes hacer, si te casas,
     cuenta, señor, que te pasas
     a religión más estrecha.

Caballero   Más con eso me molestas.

Ricote   Vístete si habemos de ir.

Caballero   ¿Cómo he de poder sufrir
     tan terrible peso a cuestas?

Ricote   Como quien lleva la cruz
     del matrimonio, excelente;
     tú serás el penitente
     y yo el cofrade de luz.
      Mas mira: si al fin te casas
     y vivir seguro quieres,
     haz cuenta que las mujeres
     son castañas en las brasas
      —regalarlas y quererlas—
     mas, si en fe de tus amores,
     se te suben a mayores
     porque no falten morderlas,
      ni tanta mano les des
     que vengan a ser cabeza,
     ni muestres tanta aspereza

que las trates como a pies.
  Si de estos extremos dos
quieres hallar el remedio,
la virtud consiste en medio,
que no sin misterio Dios,
  cuando a la mujer ser da,
en fe de esta maravilla
la formó de una costilla
que en medio del cuerpo está.
  Y con esto emplúmaté,
pues ya te has puesto- las galas.

Caballero ¡Ay plumas, servidme de alas,
y de una mujer huiré!

Ricote   No me espanto que te pese,
que es carga de ganapán,
y si Dios se la dio a Adán
aguardó que se durmiese.

(Salen Sabina, Isabela y Camilo.)

Sabina   ¡Bella quinta!

Camilo   ¡Deleitosa!
En ella la primavera,
que en estas bodas espera
verte de Jacobo esposa,
  también hace ostentación
de sus galas al Abril.

Isabela   Mira en tazas de marfil
brindar la murmuración
  de estas fuentes a la risa,

	que cuando a la sed provocas

	que cuando a la sed provocas por ti se hace todas bocas.
Camilo	Mientras murmura te avisa, si no es que te reprehende, del mal pago que a Conrado con esta mudanza has dado.
Sabina	Mi hermano su amor ofende, que a casarme me ha traído y es fuerza el obedecerle si por padre he de tenerle. Sabe Dios que he resistido su voluntad hasta aquí; está mi dote a su cuenta. ¿Qué he de hacer?
Isabela	Mi esposo intenta, juntando tu hacienda ansí con la de mi hermano, hacer de todas cuatro una casa.
Camilo	Cuando sepa lo que pasa, Conrado ha de enloquecer de pena y celos.
Sabina	No hay ya quien de celos pierda el seso.
Camilo	Que te adora te confieso.
Sabina	La ausencia le curará; que en Ferrara hay medicina y contrahierba de amor.

Camilo	Aunque el médico mejor
	es el tiempo, en fin, Sabina,
	  si es amor enfermedad,
	mientras sus términos pasan,
	¿qué ha de hacer cuando le abrasan
	memorias de tu beldad?
	  Si él supiera que venías
	a más que a ver a tu hermano,
	y que usurparle la mano
	que suya juzgó querías,
	  a otro Ariosto diera copia
	para escribir sus locuras.

Sabina	Orlando hacerle procuras,
	aunque en mí es la historia impropia,
	  que ni Angélica me llamo
	ni le dejo por un moro,
	pues ni es, Jacobo, Medoro,
	ni con liviandad le amo.
	  A vistas vengo, ¿qué quieres?
	Lícito es ver.

Camilo	Es verdad;
	mas tenéis la voluntad
	en los ojos las mujeres.
	  No saldrás libre de aquí;
	avisar quiero a Conrado,
	aunque si él fuera avisado
	no se apartara de ti;
	  porque es la mujer, en suma,
	como el pájaro liviano,
	que en abriéndole la mano
	vuela, y si deja algo es pluma.

(Vase.)

Sabina   En fin, Isabela hermosa,
¿tengo de ser tu cuñada?

Isabela   Y aunque en el nombre pesada
en las obras amorosa.

Sabina   ¿Jacobo de Gracia es
discreto, cuerdo, apacible?
¿Es riguroso o terrible,
conversable o descortés?
   Que habiendo de vivir tanto,
con él, justo es que me informe
si es a mi gusto conforme.

Isabela   Mi hermano es, amiga, un santo.
   No te pueden dar los cielos
más segura compañía;
no, temas, Sabina mía,
que te desvele con celos;
   que jugándote tu dote
tus joyas empeñe o venda;
que desperdicie tu hacienda,
que tus deudos alborote,
   porque no es de aqueste mundo,
y aunque a su simplicidad
dan nombre de necedad,
cortesanos en quien fundo
   todo el caudal en engaños,
en las cosas de importancia
es cuerdo, aunque la ignorancia
hace burla de sus años.

                    Él, en fin, es importante
                    para ser de ti querido
                    y mejor para marido,
                    hermana, que para amante.

Sabina   Con eso me has enfriado
                    el alma. ¡Jesús mil veces!
                    ¿Marido santo me ofreces?
                    Simple, hermana, le has llamado.
                         Si he de creer a la fama
                    ya sé que, subiendo el precio,
                    apacible nombra al necio
                    y sencillo al bobo llama.
                         Él será, a lo que imagino,
                    algún Junípero llano,
                    mentecato por lo humano,
                    devoto por lo divino.
                         Que andará desatinado,
                    y dirá que es por llaneza;
                    traerá baja la cabeza,
                    el cuello tuerto o bajado,
                         y dirá que es vanidad
                    lo que el uso galas llama.
                    Y si en muestras que me ama
                    saca a luz la voluntad,
                         que no será en todos días,
                    sino la Pascua de Flores,
                    en vez de decirme amores
                    me rezará Ave Marías.
                         ¡Buena vida me prometo!

Isabela   ¡Por ser compuesto ha perdido!

Sabina   Compuesto para marido,

mejor es para soneto.
    Quien no ha sido buen amante
mal buen marido será.
    Amor, aunque atado está
al matrimonio constante,
    no pierde su inclinación,
antes con él se aquilata.
    Sabrosos regalos trata,
las galas su esfera son
    con que alivia los enojos
que el enfado solicita,
    ya su esposa necesita
a no apartar de él los ojos.

Isabela   De tu condición me espanto.

Sabina   Viviré triste en extremo
si por marido le temo
y le respeto por santo.

(Sale el Caballero de Gracia, muy galán, Ricote, Lamberto y Esperanza.)

Lamberto   Por mostraros, mi Sabina,
que en todo soy vuestro hermano,
un esposo de mi mano
daros mi amor determina.
    Que si en el vuestro se abrasa
y os recibe por mujer,
vendremos los dos a hacer
una hacienda y una casa.
    Estimadle, que yo espero,
si el sí y la mano le dais,
que por él no maldigáis
jamás al casamentero.

	Turbada estaréis, ¿quién duda,
	que, como hoy las vistas son,
	en la novia es discreción
	de turbarse y el ser muda?
	Si no os ciega beldad tanta
	el ser cortés os inclina.
(Al Caballero.)	Hablad, Jacobo, a Sabina.

Caballero   Dios, señora, os haga santa.

Sabina   ¿Por santidades comienza?

Ricote   Devota salutación
para entrada de un sermón.

Lamberto   El novio tiene vergüenza,.
  su turbación perdonad;
que el más discreto, cuando ama,
la primer vez que a su dama,
ve, dice una necedad.

Ricote   ¿Una? El dirá más de ciento.

Caballero ¿Por necedad juzgáis vos
el rogar, hermano, a Dios,
que le haga santa?

Lamberto   El intento
  es bueno, pero no viene
a propósito.

Caballero   Confuso
estoy.

Lamberto	El amor y el uso su idioma y estilo tiene.
Caballero	Pues ¿qué había de decilla a fuer de los cortesanos?
Lamberto	«Bésoos, señora, las manos», y luego arrastrar la silla y preguntar: «¿cómo estáis?» que es el común abecé.

Caballero	«Bésoos las manos?» ¿por qué?
	Necedad en mí llamáis
	  el decir que la haga santa
	Dios, ¿y en el mundo no veis
	.... [-eis]
	si su mal uso os espanta?
	  Estornuda un caballero,
	y los que le corresponden,
	«bésoos las manos», responden,
	en pie, quitado el sombrero.
	  Y los que Dios os ayude
	dicen, ¿no son cortesanos,
	en fin, que besan las manos
	al otro porque estornude?
	  Miren qué merced les hace:
	traen luces cuando anochece,
	y descortés les parece
	el cuerdo que satisface
	  con decir que Dios les dé
	buenas noches; solamente
	al besamanos consiente
	el uso necio, ¿por qué,
	  si tú la luz no has criado,

	besarte es bien que permitas
	las manos y a Dios le quitas
	las gracias, que te ha alumbrado?

Lamberto   Calla, y la costumbre admite,
             que esto se usa en nuestro idioma.

Caballero   Y será ley de Mahoma,
             que disputas no permite.
               Yo no nací para esto;
             sácame, hermano, de aquí,
             y cásese otro por mí.

Lamberto   Jacobo, no seas molesto;
                ya has venido, no es razón,
              si cortesano te llamas,
              que quedes entre las damas
              en mala reputación.
                No desdice el ser cortés
              de la virtud que te inclina;
              siéntate junto a Sabina;
              dile amoroso después
                la buena suerte y ventura
              que se te sigue de vella,
              que estás perdido por ella,
              que al Sol vence su hermosura,
                que su discreción te admira.

Caballero   ¿Eso he de decirle?

Lamberto   Pues.

Caballero   Tú debes de ignorar que es
             pecado el decir mentira.

| Lamberto | Eso es encarecimiento
que usa el amor de ordinario. |
|---|---|
| Caballero | Afirmando lo contrario
de lo que imagino, miento.
   Si yo por mujer la tengo,
¿por qué Sol la he de llamar,
ni cómo podré afirmar
que a verla perdido vengo,
   si no es porque el tiempo pierdo
de que a Dios he de dar cuenta?
Mentir un noble es afrenta;
téngame por necio o cuerdo,
   cáusela gusto o enfado,
mal o bien conmigo esté,
porque yo no mentiré
por cuanto Dios ha criado. |
| Lamberto | Anda, hipócrita, que están
por ti en pie, siéntate allí;
lo que te enseño la di;
sé cortesano y galán,
   que ¡vive Dios! si en desprecio
de lo que mando que digas
con amores no la obligas
y te confirma por necio,
   que sí hará, porque es discreta,
que en Módena no has de estar
un hora, ni has de gozar
tu herencia. |
| Caballero | Poco me inquieta
la codicia de mi hacienda; |

	pero voy por no enojarte.

Isabela
    Si basta, hermana, a obligarte
mi amistad, aunque te ofenda
  el poco curso que tiene
mi hermano en cosa de amores,
házmele muchos favores;
enamórale, pues viene
  a domesticarse un bruto
con la costumbre suave,
que, si lo que es amor sabe,
tú verás, Sabina, el fruto
  que sacas de ser su esposa,
y la vida que gozamos
si juntas las dos estamos.

Sabina
    Por darte, Isabel hermosa,
  gusto, y agradar a mi hermano,
lo que mandas quiero hacer;
el galán tengo de ser
esta vez, por lo que gano
  de estar en tu compañía.
Toma esta silla, señor.

Ricote (Aparte.)
    (Albarda fuera mejor.)

Sabina
    Asentaos, por vida mía.

Caballero
    No haré cierto,. yo estoy bien,
sentaos, mi señora, vos.

(Aparte.)
    (Sacadme de esto, mi Dios.)
Sentaos, Lamberto, aquí.

Lamberto
            Bien.

	No soy yo el que a vistas vengo, aquése es vuestro lugar y éste el mío, porque hablar un poco a mi esposa tengo.
Sabina	Por mi vida, que os sentéis.
Caballero	Dos veces habéis jurado. ¡Jesús! Yo ya estoy sentado a trueco que no juréis.
(Siéntase.)	Y si se hace el casamiento, quiéroos, señora, avisar que nunca habéis de jurar, porque es contra el mandamiento segundo.
Sabina (Aparte.)	(¡Pobre de mí! ¿Esto escucho y no me muero?) En muestra de lo que os quiero yo juro cumplirlo ansí.
Caballero	Pues no juréis otra vez.
Sabina (Aparte.)	(¡Qué necio y qué escrupuloso! Libertad, con tal esposo ya desearéis mi viudez.)

(Hablan aparte Esperanza y Ricote.)

Esperanza	Y él, ¿cómo ha callado tanto?
Ricote	No sé por dónde empezar contigo, Esperanza, a hablar.

Esperanza   Pues qué, ¿da también en santo?

Ricote   No; mas un poeta amigo,
                  que en la corte de Castilla
                  es águila y maravilla,
                  hablando una vez conmigo,
                     me dijo, viendo el ensayo
                  de una comedia famosa:
                  «Ya, hermano, es cansada cosa
                  que entre fregona y lacayo
                     siempre empiecen su papel
                  con esto. ¿Y él no habla nada?
                  ¿Y ella es soltera o casada?
                  Porque esto de y ella y él
                     era sagrado y chorrillo
                  de toda plebeya masa,
                  y ya en la corte no pasa
                  lacayo con estribillo,
                     y temo, si así le trato
                  y allá me ven algún día,
                  la grita y silbatería.»

Esperanza   Líbrenos Dios de un silbato.

(Hablan aparte Lamberto e Isabela.)

Lamberto   ¡Que se haya un hombre criado
                  en mitad de Italia, que es
                  madre del trato cortés,
                  y que liciones ha dado
                     a mil bárbaras naciones
                  que su imperio han adquirido,
                  y en más estima han tenido
                  que sus ricas posesiones

    la urbanidad y crianza
que de su trato sacaron
y a sus patrias trasladaron
con que el ser de hombres se alcanza,
    y que este bruto, Isabela,
criado en la policia
de vuestra casa y caricia,
y en Módena, que es escuela
    del estilo y discreción,
hablar con una mujer
no sepa!

Isabela   Si es menester
trato y comunicación
   para cualquier arte y ciencia,
y aunque en el siglo ha vivido
Jacobo, nunca ha tenido
de sus cosas experiencia.
   La cortedad no os espante;
tratadle en cosas de Dios,
y veréis que quedáis vos
torpe con él e ignorante.
   Cásese él, que esos extremos
el tiempo los vencerá.

Lamberto   Hablando con él está,
lo que le dice escuchemos.

Sabina   En fin, ¿no me decís nada?

Caballero   Nada os digo, pues que callo;
yo os prometo que no hallo
cosa, señora cuñada,
   que deciros de momento.

Sabina	Créolo, que amor desnudo
a los principios es mudo,
y el propio efeto en mí siento,
que estoy muy enamorada,
señor Jacobo, de vos.
Caballero	Más vale estarlo de Dios,
que yo no os importo nada.
Sabina	Amaros para marido
no es con intento liviano.
Dadme, Jácobo, esa mano.
Caballero	¡Jesús! ¿la mano?
Sabina	Encogido
sois, dadle acá.
Caballero	No hay que hablar,
o estas son vistas o no.
Sabina	Solo a veros vengo yo.
Caballero	Pues ver, pero no tocar.
Sabina	Mal debo de pareceros.
Caballero	No me parecéis muy bien.
Sabina	Grosero sois.
Caballero	Hago bien.

Sabina

(Levántanse.)

    Criado entre caballeros
poco su trato se os luce.
¡Quitaos allá, descortés!
Si con vos el interés
que toda Italia produce
    me dieran, no os estimara
para calzarme el chapín.
Tosco. ¡Miren a qué fin
me trajeron de Ferrara!
    Cuando a vuestro cargo esté,
Lamberto, el darme marido,
porque vuestra hermana he sido
—que desde hoy no lo seré—
    haced de mí más caudal
que el que aquí os he visto hacer;
el matrimonio ha de ser
en los consortes igual
    cuando no se menosprecia,
y quien a un necio me da
por marido, claro está
que me ha tenido por necia;
    y eso en mí es injuria al doble,
sabiendo quién es Sabina.
Buscad, Lamberto, una encina
con quien casar este roble,
    y hacedle antes desbastar,
que se está con su corteza
y no podrá la riqueza
sobre ella un tronco dorar.
    Que, puesto que vine en vano,
casarme a mi gusto espero,
pues para casamentero
tenéis tan pesada mano.

(Vase.)

Isabela
Enojada, y con razón,
va Sabina, hermana mía.
¡Qué necio es el que porfía
forzar una inclinación!

(Vase.)

Lamberto
Si hallara capacidad
en ti para reprehenderte,
castigárate de suerte
que de tu rusticidad
 quedaras arrepentido;
pero no lo sentirás,
porque tan bozal estás
que te falta hasta el sentido.
 Pero a las obras remito
lo que excuso de razones,
si más en Módena pones
los pies, si de este distrito
 no te vas, ¡viven los cielos!
que como loco he de hacer
que te salgan a correr
los muchachos. Pagarélos
 para que en calles y plazas
te persigan. Comunica,
rústicos, en quien si aplica
el vil natural que abrazas.
 Por la caperuza trueca
las plumas, galas del noble;
hiere con el hacha el roble,
derriba su leña seca,
 y vendiéndola, sustenta

| | tu bárbara vida, ansí,
porque, si vuelves aquí
en tu daño y en mi afrenta,
   yo vengaré el menosprecio
que hoy con mi hermana has tenido
con el castigo debido
que se suele dar a un necio. |
|---|---|

(Vase.)

Esperanza	Ricote, adiós.
Ricote	Esperanza, ¿es amarme el irte ansí?

Esperanza	Ya no la tengas de mí,
	pues por aquí va la danza;
	   participas de tu amo
	la poca dicha, perdona.
	La maza va con la mona,
	necio es el necio y el amo.
	   Mientras con él estuvieres
	necias serán tus demandas
	que, en fin, dime con quién andas...

Ricote	Vaya.
Esperanza	...y diréte quién eres.

(Vase.)

Ricote	¡Buenos habemos quedado! ¿Qué habemos de hacer, señor?

Caballero		Libróse del cazador
		el pájaro, el sentenciado
		   del riguroso verdugo,
		del naufragio el marinero,
		del lobo el manso cordero,
		la libre cerviz del yugo,
		   del pirata el mercader,
		y aún mayor mi dicha ha sido
		pues que librarme he podido,
		Ricote, de una mujer.
		   ¡Oh, qué peso me han quitado
		de encima del corazón!

Ricote		 Dicen que en cierta nación
		era por rey adorado
		   aquel que a cuestas tenía
		la cosa de mayor peso,
		saliendo con el suceso
		quien más tiempo le sufría.
		   Una vez se convocó
		al pueblo a elegir cabeza,
		y hubo quien tal fortaleza
		entre los demás mostró,
		   que un enano, entero tuvo
		día y medio, sin que hubiese
		quien competir se atreviese
		con él; y al tiempo que estuvo
		   casi el reino en su poder
		y el pueblo le engrandecía,
		salió otro que traía
		a cuestas a su mujer,
		   y la gente convocada
		en su favor sentenció,
		que con la mujer no halló

| | otra cosa más pesada.
             Mas si toca Dios de un hueso,
             ¿dónde piensas ir? |
|-----------|-----|
| Caballero | No sé. |
| Ricote | Con capa y gorra y a pie,
¿qué dirán de nuestro seso?
  Si tomas mi parecer,
vuélvete, señor, a casa,
que todo enojo se pasa. |
| Caballero | Casa que huele a mujer
  no me la mientes, Ricote. |
| Ricote | Casarte han querido en ella,
mas dan dineros con ella,
que no hay esposa sin dote.
  Solo a quien casarse atreve
dineros y hacienda dan,
que es pagar al ganapán
la carga, por que la lleve. |
| Caballero | Deudos en Bolonia tengo,
a estudiar y a conocellos
iré. |
| Ricote | ¿Deudos? ¡Fuego en ellos!
Mal los conoces; no vengo
  en eso, aunque seguir quiero
tu buena o mala fortuna. |
| Caballero | Este traje me importuna. |

Ricote	Una capa y un sombrero
tengo allí, con ella irás
mejor, si hemos de ir a pie;
ven por ella.
Caballero	¡Que hoy libré!
Voluntad, ya os tengo en más;
que, aunque en tan terrible trance
me habéis costado mi hacienda,
bien podré, preciosa prenda,
decir que os compré de lance.

(Salen Lamberto, Conrado, Isabela y Sabina.)

Lamberto	Yo solo en vuestros celos soy culpado;
como Jacobo corre por mi cuenta,
su hacienda trajo, y siendo su cuñado,
por mi industria y gobierno se acrecienta.
Parecióme, poniéndole en estado
y dándole a Sabina, que su renta
junta a la mía, la aumentara doble,
y una casa fundara rica y noble.
Ni Jacobo ha tenido entendimiento
para estimar la dicha de este día,
ni yo noticia del honesto intento
que os ha obligado a honrar la sangre mía.
Mi hermana, con el mismo pensamiento,
a mis consejos resistencia hacía,
y aunque su honestidad cuerda callaba,
sus ojos me decían que os amaba.
Yo alabo su elección, y que os escoja
por dueño suyo, sosegaos con esto.
Conrado	Si por esto Amor, por ser niño, se enoja,

              también, Lamberto; se apacigua presto.
              Sacóme de Ferrara la congoja
              furiosa de los celos que me han puesto
              en términos de hacer un desatino;
              mas tras la tempestad el iris vino.
                  Yo os perdono mi agravio.

Sabina   Y yo os adoro
              con más estima agora que primero,
              que poco precia, mi Conrado, el oro
              quien no conoce el hierro y el acero.
              Quien nunca empobreció no ama el tesoro,
              más ejemplos aplicarme quiero,
              que si los ojos hoy en otro he puesto,
              más claro sale el Sol junto a su opuesto.

Conrado   En fin, ¿Jacobo me hizo competencia?

Isabela   Pluguiera a Dios que fuera para tanto.

Conrado   Yo, a lo menos envidio su inocencia.

Lamberto   Que es un bruto.

Conrado   Mejor diréis un santo
              ¿Qué es de él?

Lamberto   ¿Había de venir en mi presencia?
              De Módena le eché.

Conrado   De vos me espanto.

Lamberto   Hágase hombre, si en su esfera cabe;
              sepa del mundo, que harto de Dios sabe.

No me ha de entrar en casa en todo este año.

Conrado   Pues sabed que acusaros he venido
de un huésped que os tendréis, si no me engañó,
de no poco valor. Hoy ha partido
veinte millas de aquí Julio Cataño,
estimado en Italia y conocido
en Roma por sus letras, sangre y celo;
su tío es Cardenal de San Marcelo,
  Juan Cataño.

Lamberto   Éste es en quien ha puesto
la silla de San Pedro su esperanza.
Si muere Sixto quinto es manifiesto
que le ha de suceder.

Conrado   En su privanza
presumo entrar, porque ha vacado un puesto
que, si mi dicha y el favor le alcanza
y con Sabina desposado quedo,
enriquecer vuestros parientes puedo.
  Fáltale el secretario, y como supe
que a Roma se partía, convidarle
con esta quinta quise.

Lamberto   Desocupe
su espacio nuestro amor para hospedarle.

Conrado   Primero que otro aquesta plaza ocupe,
si os parece, Lamberto, pienso hablarle
esta noche.

Lamberto   Haréis bien, que la tardanza,
como el provecho vuela, no le alcanza.

	¿Vas, Isabela, a prevenir la cena?
Isabela	Pavos hay y capones.
Lamberto	Esta sala cuelguen de telas, que es capaz y buena.
Conrado	En esta quinta no hay ninguna mala.
Lamberto	Maten vitelas.
Conrado	En la casa llena fácilmente se sirve y se regala a un príncipe, aunque venga de repente.
Lamberto	Camas ahí prevenid para la gente.

(Vase Isabela. Sale Ricote, después un Criado.)

Ricote	Lamberto, caballeros, dad ayuda a Jacobo de Gracia, que, salteado de bandoleros, morirá sin duda, no siendo de vosotros ayudado; su bárbara codicia le desnuda y a un roble tosco de ese monte atado los dineros le piden que no tiene; huyendo mi temor la muerte viene. ¿Qué aguardáis? Cerca está, si tardáis tanto, dadle por muerto. Vamos, caballeros.
Lamberto	O es hipócrita Jacobo o es santo. Si es santo, ¿de qué teme bandoleros? Dios volverá por él, causando espanto a ese escuadrón de salteadores fieros;

                              si es hipócrita, pague con la vida
                              lo que merece su virtud fingida.

Criado   Monseñor está en casa.

Lamberto   Pues salgamos
                              a recibirle.

Ricote   ¡Que obligar no puede
                              vuestra crueldad!

Conrado   A socorrerle vamos.

Lamberto   Dios le socorrerá, no tengáis miedo.

Sabina   Más razón es que a Julio recibamos.

Lamberto (Aparte.)   (Ojalá le matasen, pues heredo
                              por mi mujer su hacienda.)

Ricote (Aparte.)   (¡Al fin, cuñado!)

Sabina (Aparte.)   (De su desprecio el cielo me ha vengado.)

(Vanse si no es Ricote.)

Ricote   Miren qué hay que esperar de aquesta gente.
                              ¡Maldiga Dios quien en cuñados fía,
                              viles madrastras cree, suegras consiente;
                              que estos tres hacen una cofradía!

(Sale el Caballero de Gracia, desnudo.)

Caballero   Ricote: ¿estás ahí?

Ricote	Señor.
Caballero	Detente y no des voces, que excusar querría las injurias y enojo de Lamberto, que, si me ve cual vengo, será cierto.
Ricote	¿Que, en fin, te desnudaron?
Caballero	Harto ha sido dejarme vivo; ser piedad confieso.
Ricote	¿Piedad cuando te quitan el vestido?
Caballero	¿Qué quieres? ¿no ves tú que viven de eso?
Ricote	Discúlpalos también.
Caballero	Agradecido a quien le libra debe ser el preso.
Ricote	Donosa flema; no has de ser tan bueno que te dejes echarla silla y freno.
Caballero	Dame esa capa, cúbreme y avisa a mi hermana, si puedes, en secreto de mi desgracia.
Ricote	Si está en camisa Lamberto, mala noche te prometo.
Caballero	Haz tú que no lo sepa y vuelve aprisa, mientras aquí me escondo.

Ricote	Eres discreto, que en viéndote Sabina repudiada, fiestas les ha de hacer tu encamisada.

(Vase. Salen Julio del cobertizo del camino, Lamberto y Conrado, y velos.)

Julio	Bien sabéis obligar, señor Lamberto al hospedaje quedo agradecido.
Lamberto	No ha un hora, Monseñor, que estaba incierto de esta dicha, que hubiera prevenido con la casa que ofrece este desierto, y regalos de Módena, el debido hospicio que se os debe y era justo.
Julio	Lo que no se previene da más gusto. ¡Agradable jardín! Yo no he rezado algunas Horas. Mientras se adereza la cena quiero echar este cuidado aparte.
Lamberto	¿No le habláis?
Conrado	¿Cómo, si reza?
Julio	Déjenme solo.
Criado	Todo está aprestado.
Conrado	¿Adónde ha de dormir?
Lamberto	En esta pieza.

Conrado (Aparte.)   (Si me acomoda Julio con su tío
                         y sale Papa, enriquecer confío.)

(Vanse. Julio empieza a rezar santiguándose, y responde el Caballero de Gracia desde donde está escondido.)

Julio   Deus in adjutorium meum intende.

Caballero   Domine ad adjuvandum me festina.

Julio   ¿Quién respondió? ¿qué es esto?

Caballero (Aparte.)   (¿Qué pretende;
                         cielos, mi natural que a esto me inclina?
                         Sin querer respondí; mas, si se ofende
                         y hacerme dar castigo determina,
                         viéndome así, ¿con qué disculpa intento
                         disminuir mi necio atrevimiento?)

Julio   ¿Quién es el que está escondido
                         tras esta murta?

Caballero (Aparte.)   (¿En qué dudo?)
                         Un hombre, señor, desnudo
                         del ingenio y del vestido.
                            No mirando lo que hacía,
                         cuando comenzó a rezar
                         respondí, sin reparar
                         que era vuestra señoria
                            el que estaba aquí, llevado
                         de un natural, que me obliga
                         que cosas devotas siga.

Julio   ¿Cómo estáis ansí?

Caballero	Un cuñado, que sabe mirar mejor por mi bien que yo estimalle, es causa que de este talle me esconda de su rigor.
Julio	¿Quién es ése?
Caballero	Es Lamberto.
Julio	¿Y él os hizo desnudar?

Caballero	Quísome, señor, casar,
	que es peor; soy poco experto
	   en materia de querer,
	trájome a vistas aquí,
	no se contentó de mí
	la buena de la mujer;
	   riñó Lamberto conmigo,
	de casa me desterró
	y el cielo, que conoció
	cuán digno soy de castigo,
	   me entregó a unos bandoleros,
	a quien quedo agradecido,
	pues, quitándome el vestido
	y unos pocos de dineros,
	   me dejaron con la vida.
	Volvíme aquí despojado,
	y entretanto que un criado
	envío para que pida
	   otro vestido a mi hermana,
	aquí me quise ocultar
	de Lamberto y excusar

>   de su cólera inhumana
>   el enojo y la pasión.
>   Salió vuestra señoria,
>   y cuando rezar quería,
>   llevóme mi inclinación
>   tras sí, y aunque sea verdad,
>   que no es fuerte esta disculpa,
>   perdóneme, que no hay culpa
>   donde falta voluntad.

Julio
(Aparte.)
>   Yo os la he cobrado notable.
>   (¡Qué apacible sencillez!)
>   No hagáis temor que esta vez
>   Lamberto enojado os hable;
>   remediar esta desgracia
>   quiero.

Caballero
>   Del cielo tengáis
>   el premio.

Julio
>   ¿Cómo os llamáis?

Caballero
>   Señor, Jacobo de Gracia.

Julio
>   ¿Noble sois?

Caballero
>   Bueno quisiera
>   saber ser, que es de estimarse,
>   que solo el saber salvarse
>   es nobleza verdadera.

Julio
>   Tal sea mi vida. ¿Habéis
>   estudiado?

Caballero	Señor, sí; artes en Bolonia oí.
Julio	Bueno, y ¿qué pluma tenéis?
Caballero	Razonable, aunque alabada de algunos que bien me quieren, que siempre amigos prefieren lo que vale poco o nada.
Julio	Huélgome de saber eso. ¿Gustaréis de estar conmigo?

Caballero	Yo, Monseñor, soy amigo
	 de hablar verdades. Confieso
	   lo bien que me puede estar
	 el serviros y estimaros;
	 pero no sabré adularos,
	 porque ni sé lisonjear,
	   ni dejaré reprehender
	 lo que mal me pareciere
	 por cuanto tesoro adquiere
	 todo el humano poder.
	   Querránme mal los criados,
	 que mi buen ánimo ignoran,
	 porque en palacio desdoran
	 a quien no dora pecados,
	   y quien vicios no consiente
	 mal con señores lo pasa.

Julio	Este servicio a mi casa le faltaba solamente, y vós le habéis de ocupar. Reprehéndeme a mí el primero,

    que eso busco y eso quiero.
    Un hombre deseo hallar
     que las verdades me diga.
    ¡Hola!

(Sale Decio.)

Decio   Monseñor.

Julio   Vestid
    este hombre; un baúl abrid.
    Escuchad.

Caballero (Aparte.)   (¡Que me persiga
     la inquietud de esta manera!
    Libréme de ser casado
    y del palacio el cuidado,
    agora, cielos, me altera.
     ¿Qué he de hacer si Dios lo quiere?
    Él me tenga de su mano.)

(Háblale Julio al oído de Decio.)

Julio   Un vestido de mi hermano
    le dad, y cuando estuviere
     en el traje que es decente,
    me avisaréis.

Caballero (Aparte.)   (¿En efeto
    he de servir?)

Julio   En secreto
    le tendréis, que es conveniente
     por agora.

Decio   Harélo ansí.

Julio   Idos con ese criado,
                               secretario.

Caballero (Aparte.)   (Buen cuidado
                               llevo. ¿Secretario a mí?
                                   ¿Qué pretendéis, vanidades?)

Julio   Andad, que si sois discreto,
                               yo os confiaré mi secreto,
                               y vos me diréis verdades.

(Vanse. Sale Isabela.)

Isabela   Bien puede vueseñoría
                               cenar, si ha rezado ya.

Julio   Quien en vuestra casa está,
                               señora, excusar podía
                                 el camino, que ya siento,
                               pues, según me han regalado,
                               por no ir mal enseñado,
                               en ella quedarme intento.

(Salen Conrado y Lamberto.)

Isabela   Pluguiera a Dios, monseñor,
                               que, como lo encarecéis,
                               os sirviéramos.

Conrado   ¿Queréis
                               que, por no darle favor,

      muera Jacobo en desprecio
      de quien sois?

Lamberto   Impertinente
      estáis. ¿Quién hay tan valiente
      que pueda matar a un necio?

Julio   ¿Es hora ya de cenar?

Lamberto   Presto lo poco se guisa.

Julio   La jornada me da prisa;
      yo suelo siempre pagar
       la posada adelantado,
      y así quisiera hacerlo hoy.
      A Roma, cual sabéis, voy,
      no poco de ésta obligado,
       como tengáis en su corte
      los dos pleito o pretensión
      y en ella mi intercesión
      alguna cosa os importe,
       contento haré la jornada,
      y si no, saldré corrido
      cual huésped que no ha tenido
      con qué pagar la posada.

Conrado   Buena ocasión se me ofrece,
      que le habléis por mí me importa.

Lamberto   Aunque siendo ésta tan corta
      tanta merced no merece,
       quien pretende de ordinario
      no pierde tiempo o favor.
      Conrado sabe, señor,

      que buscáis un secretario,
        y porque para este oficio
      sé lo que es bien que presuma
      de su ingenio y de su pluma,
      estando en vuestro servicio
        quedaremos él y yo
      obligados. Determina
      ser de mi hermana Sabina
      esposo, y no se atrevió,
        si no es por mi, a suplicaros
      que esta merced nos hagáis.

Julio   Tarde, Conrado, llegáís;
      no puedo en eso ocuparos,
        pero mejoraros si
      con dueño más principal.
      De mi tío el Cardenal
      de San Marcelo entendí
        que desea acrecentar
      su casa. Ya sabéis que es
      en nobleza ginovés
      y en opinión singular,
        y que le han pronosticado
      que a Sixto ha de suceder;
      pues le voy agora a ver,
      yo haré de suerte, Conrado,
        que su secretario os haga,
      y a Lamberto, camarero,
      que así el hospedaje quiero
      satisfacer.

Lamberto   Si ansí paga,
      monseñor, vueseñoría
      de dos horas el hospicio,

| | ¿qué espera el que en su servicio
su aumento y vida confía? |
|---|---|
| Julio | Al secretario llamad,
Decio. |
| Decio | Voy, señor, por él. |
| (Vase.) | |
| Julio | Negociad los dos con él
y una memoria le dad
   para que me acuerde en Roma
lo que los dos pretendéis,
que presto lo alcanzaréis
si él a su cargo lo toma. |

(Sale Ricote; después el Caballero de Gracia con otro vestido.)

| Ricote | .... [-f]
Tras mi desnudo escondido
ando, y se ha desparecido.
Mas ¿Monseñor está aquí? |
|---|---|
| Caballero | ¿Qué manda vueseñoría? |
| Lamberto | ¿Qué es lo que vemos, Conrado? |
| Conrado | Jacobo es, vuestro cuñado. |
| Lamberto | ¡Mi cuñado! |
| Conrado | No desvaría
la vista que en él me pinta |

	su imagen.
Lamberto	Bueno por Dios: locos estamos los dos. No ha un hora que de la quinta le eché, y avísannos luego que le roban salteadores, ¿y había de ser él?
Conrado	Favores son de su virtud, no niego lo que decís; mas tampoco lo que veo oso negar.
Ricote	Mi amo es éste a pesar de bellacos, o estoy loco.
Julio	Jacobo de Gracia, ved lo que Lamberto y Conrado os dicen.
Conrado	¿Veislo?
Lamberto	Encantado estoy.
Julio	Y cuenta tened de avisármelo después.
Lamberto	¿Qué es esto? ¡Fortuna escasa!
Julio	Aunque mal tendrá en su casa el cardenal a quien es en la suya tan avaro,

  que a vos de ella echaros pudo,
y cuando volvéis desnudo
no le osáis pedir amparo.
  Los dos vuestra pretensión
le referid, si os agrada,
porque no saldréis con nada
si no es por su intercesión,
  que me he inclinado a quererle,
al paso que vos, Lamberto,
le aborrecéis, y estad cierto
que en agradarle y creerle
  consiste el favor y gracia
que buscáis, y no la espere
en mí a quien no se la hiciere
el Caballero de Gracia.

(Vase.)

Caballero   No estéis, hermano y señor,
de verme, triste y confuso.
Dios estas cosas dispuso,
tercero y intercesor.
  Con monseñor diligente
prometo ser, sin venderos
embelecos por dineros,
mohatras del pretendiente;
  pues, contra las vanidades
con que la mentira vive,
hoy monseñor me recibe
para decir las verdades,
  y porque a cenar se asienta,
los brazos, hermano, os pido.
Vamos.

Lamberto	De puro corrido...
Caballero	Callad, no hagáis de eso cuenta. Dichosa fue mi desgracia; gracias a Dios puedo dar.
Ricote	Y desde hoy te has de llamar el Caballero de Gracia.

Fin de la primera jornada

Jornada segunda

(Salen don Cristóbal de Mora, del hábito de Cristo, el Caballero de Gracia y otros.)

Cristóbal
    Las cartas que de favor
    la princesa ha recibido
    del cardenal monseñor;
    las ha su alteza leído
    con muchas muestras de amor;
      y las reliquias que aplica
    para el monasterio real
    que a las Descalzas fabrica
    agradece al cardenal,
    y por ellas significa
      el favor que desea hacer
    a vuesa merced.

Caballero
          En eso
    muestra la princesa ser
    hija de quien tuvo en peso
    la Iglesia, que iba a caer
      por la impiedad luterana
    que enfrenó en tiempo sucinto
    contra la furia alemana.

Cristóbal
    Heredó de Carlos quinto
    la princesa doña Juana
      su cristiandad y valor,
    y de Felipe segundo,
    su hermano y nuestro señor,
    el celo con que en el mundo
    es de la fe defensor.
      Hame mandado su alteza

	que por extenso me informe
	de su persona y nobleza,
	porque con ella conforme
	cuerdamente la largueza
	con que merced le ha de hacer
	mientras en Madrid asista.

Caballero   Aunque es arrogancia el ser
de si mismo coronista,
fuerza es el obedecer.
  Módena, ciudad ilustre
estimada en Lombardia
por una de las mejores
que honran aquella provincia,
desde inmemorables tiempos
dio solar y casa antigua
al apellido de Gracia,
blasón de nuestra familia.
Cuento noblezas del mundo
por dar a vueseñoría
verdadera relación,
puesto que de más estima
es la virtud que la sangre.

Cristóbal   Una y otra califican,
y cuando las dos se hermanan
el valor inmortalizan.

Caballero   Diome a Jacobo de Gracia
por padre el cielo y mi dicha,
de aquella ciudad espejo,
y por madre a Margarita,
noble y célebre matrona,
apacible, recogida,

ni en el gobierno severa,
ni en el castigo remisa.
En fin, casi con las partes
que en la mujer fuerte pinta
Salomón en sus Proverbios,
si es de esta hipérbole digna.
Diome también una hermana
a su virtud parecida,
de su valor heredera
y, en fin, de tal madre hija.
Casáronla con Lamberto,
en quien su ascendencia cifra
el valor que dio a su casa
sangre generosa y limpia.
Quisieron hacer lo propio
conmigo, mas no se inclina
mi natural a este estado;
otro más noble me obliga,
y después de mil trabajos
que ocasionaron mis dichas
y ampararon mi inocencia,
el ánimo noble inclina
y piedad de Monseñor
Julio Cataño que iba
a Roma a instancia del Papa,
que en su casa me reciba.
Hízome su secretario,
y al cabo de algunos días
en que mereció alcanzar
un capelo y una mitra,
dio el cargo de mayordomo
de su casa y su familia
a Lamberto, mi cuñado;
pienso que a intercesión mía.

Crecí en crédito y amor,
y al mismo paso la envidia
creció en los interesados;
pero sin ella ¿quién priva?
Verdad es que ocasionó
mi condición enemiga
de callar faltas ajenas,
siendo tan grandes las mías,
su enojo, porque, avisando
al cardenal lo que veía
digno en casa de remedio,
fui causa de algunas riñas.
En fin, por esto o por todo,
con mi cuñado conspiran
mis domésticos contrarios;
mas no me desautorizan
con monseñor, pues, discreto,
testimonios averigua,
que a la verdad hermosean
afeites de la mentira.
Afrentados, pues, de ver
que sus intenciones sirvan
de escala, por donde suba
mi privanza más arriba,
una noche se conciertan
de esconder tras las cortinas
de mi cama una mujer
de las que en Roma hay perdidas.
Hizo esta hazaña el dinero;
meten la engañosa espía,
acuéstome descuidado
y al cardenal luego avisan,
que, incrédulo de tal cosa,
entra en mi aposento, y mira

aquel caballo troyano,
vil preñez de su malicia.
Llueven luego acusaciones
sobre mí, mofas y risas,
el torpe honesto me llaman,
de hipócrita me bautizan;
pero, sin precipitarse
el cardenal, examina
en mi rostro la inocencia,
donde es la vergüenza firma.
Llama a la mujer aparte,
amenázala que diga
la verdad, y sobre el potro
del temor, en fin, publica
los cómplices de mi agravio,
los ardides de la envidia,
la fuerza de la verdad
y el poder de la justicia.
Los demás, avergonzados,
su insulto, mudos, confirman,
que la turbación es juez
que se condena a sí misma.
Indignóse monseñor,
y a que dé cuentas obliga
a Lamberto de su hacienda
y que a los demás despida.
Mas salió de ellas tan mal,
que en solas cuatro partidas
en cuarenta mil ducados
le alcanza y le necesita
a vender toda su hacienda,
y no alcanzando estas ditas,
preso, y tarde arrepentido,
favores vanos mendiga.

Yo, que de aquel testimonio
libré, gracias infinitas
di al cielo, busco terceros
que por mí al cardenal pidan
dé licencia a mi quietud,
en el palacio oprimida,
para que, libre con ella,
seguro de enredos viva.
Tanto pudieron los ruegos,
mis lágrimas y porfía,
que, su voluntad forzando,
me vino a decir un día:
«No quiero, Jacobo, creer
que ingratitud os obliga
a que por vos mi afición
no sea bien correspondida.
Sé vuestro natural quieto,
lo que en palacio peligra
la virtud siendo envidiada,
y aunque por mí conocida
contra todos os defiendo,
soy hombre, y tal vez podrían
verisímiles engaños
acreditar sus mentiras.
Muchos contrarios tenéis,
y para que no os persigan,
es bien que salgáis de Roma.
A la Infanta de Castilla,
princesa de Portugal,
el cardenal mi tío envía
para el monasterio ilustre
y el hospital que edifica
en Madrid, entre otras cosas,
una caja de reliquias,

que son, de su devoción,
las prendas de más estima.
Partid con este presente,
veréis la mejor provincia
de Europa, donde la Iglesia
da a la fe segura silla;
donde las ciencias florecen,
donde la nobleza habita,
donde el valor tiene escuela
y donde el mundo se cifra.
Si os queréis quedar en ella
—que a todos su corte hechiza—
llevando en vuestro favor
cartas de mi tío y mías,
su alteza os hará merced,
y si en su reino os prohija,
yo os impetraré del Papa
alguna prebenda rica.»
Vi el cielo abierto con esto,
dile las gracias debidas;
deseaba ver a España,
dispuse, en fin, mi partida.
Llegué a esta corte famosa,
di las cartas y reliquias
a la señora princesa,
recibiólas de rodillas,
y a don Cristóbal de Mora
me manda acudir, que es dicha
no pequeña el enviarme,
señor, a vueseñoría,
cuya fama y cristiandad
hasta nuestra Italia admira,
y en cuyo favor espero
el buen fin de mi venida.

| Cristóbal | Yo, señor Jacobo, estoy
contento con la noticia
que de sus cosas me ha dado,
y hago de ellas justa estima.
Informaré a la princesa,
haciendo de parte mía
lo que pudiese en su aumento;
mas espere, que ella misma
sale de palacio. |
|---|---|
| Caballero | Irá
a las Descalzas a misa. |
| Cristóbal | Y a ver a la emperatriz,
su hermana, doña María. |

(Sale la Princesa de viuda, don Diego y acompañamiento.)

| Princesa | Al rey, mi señor hermano,
he enviado a convidar
para que me venga a honrar
y con su celo cristiano
    la fiesta nuestra autorice
y aumente su devoción. |
|---|---|
| Diego | Será la consagración
con su presencia felice. |
| Princesa | Ya mis Descalzas desean
que se pase el Sacramento
a su iglesia, y así intento
que este mes cumplido vean
    su esperanza religiosa, |

	porque con su esposo estén,
	y a las reliquias también
	que con mano generosa
	me ha enviado el cardenal
	de San Marcelo, deseo
	hacer un rico trofeo
	luego que del Escorial
	venga mi señor el Rey;
	con ellas le haré un convite,
	que sé el gusto con que admite
	las joyas de nuestra ley.
Cristóbal	Aquí, gran señora, está
	quien las trujo desde Roma,
	y quien a su cargo toma
	su aumento, la servirá
	con satisfacción debida,
	que su virtud y nobleza
	merecen que vuestra alteza
	le haga merced tan cumplida.
Princesa	Yo tengo deso cuidado,
	pues sois hombre de valor.
	El rey, mi hermano y señor,
	ocho encomiendas me ha dado
	de Cristus en Portugal,
	por que a mi disposición
	las de a sujetos que son
	de sangre noble y leal.
	Como aquí vivir queráis
	y a vuestra patria olvidéis,
	una de ellas gozaréis
	si en Portugal os prohijáis.
	¿Qué decís?

Caballero	Que el interés de servir a vuestra alteza tengo por naturaleza.
Princesa	Procurad prohijaros, pues, y a don Cristóbal de Mora por la encomienda acudid cuando volváis a Madrid.
Caballero	Inmortaliza, señora, la fama tal cristiandad.
Cristóbal	Ya somos de una nación; yo haré que la prohijación le den con facilidad. Acuda a verme después.

(Vanse si no es el Caballero de Gracia.)

Caballero (Aparte.)	Beso a vuesa señoría las manos. (¡Qué cortesía! Mas basta ser portugués.)

(Sale Ricote.)

Ricote	¡Oh madre de gente extraña, madre, punto y excelencia de la real circunferencia con que te corona España! Goce tu apacible puesto mi amo toda su vida, sin que de ti se despida jamás.

Caballero	Ricote: ¿qué es esto?
Ricote	¡Oh, señor! Enamorado de Madrid, de gastos mar, gracias la empezaba a dar por los amigos que he hallado.
Caballero	¡Amigos tan presto!

Ricote	Es villa
	que a todos hace merced;
	los amigos que mi sed
	ha hallado son la membrilla,
	   la siempre enlutada y llana
	que salta sin dar enojos
	desde la taza a los ojos.
	Esquivias la toledana
	   que con ósculos de paz
	se entra al alma por la boca,
	Burguillos que brinda a toca
	y los Molodros de Orgaz
	   que se oponen a Ajofrín,
	y contra injurias del cierzo
	felpas que aforran el Vierzo
	y martas de San Martín.

Caballero	¡Buenos amigos!
Ricote	Sí son más leales los más viejos, todos éstos, siendo añejos, me roban el corazón. Pero unos curas seglares,

    que aquí llaman taberneros
y andan bautizando cueros,
muestran, por darnos pesares,
    que aquesta corte encantada
al vino imitar procura
pues ni en ella hay verdad pura
ni amistad que no esté aguada.
    Pero, dejando esto, un pliego
tienes de Roma.

Caballero   Pues ¿vino
el correo?

Ricote   De camino
no ha media hora que a ver llego
    apearse en un mesón
cuatro padres carmelitas.
Yo, que nuevas exquisitas
    busco siempre, veo que son
romanos y conocidos,
y que el cardenal con ellos
te escribe. Si quieres vellos
sabrás casos sucedidos
    en Roma, y el desconcierto
y mala cuenta que dio
de sí Lamberto, que huyó
de la cárcel.

Caballero   ¿Quién?

Ricote   Lamberto,
tu cuñado, con Sabina,
su hermana.

Caballero	¡Válgame Dios!
Ricote	No se sabe de los dos.
Caballero	Donde viven me encamina esos padres; hablarélos.
Ricote (Aparte.)	Junto a la Puerta del Sol están. (Babel español, tus vinos son mis anzuelos.)

(Vanse. Salen Paulo Adorno, ginovés, y Sabina.)

Sabina	Paulo Adorno, sed cortés y advertid que estoy casada.
Paulo	No repara Amor en nada.
Sabina	Mirad que sois ginovés y os corre la obligación con que aquella señoría estima la cortesía que ennoblece a su nación.

Paulo	Mirad vos que tengo preso
	a Lamberto, vuestro hermano,
	y que está solo en mi mano
	acriminarle el proceso
	  que a instancia del cardenal
	monseñor Julio Cataño
	le puede hacer mucho daño,
	pues, siendo poco leal
	  a su casa, su servicio,
	provocando su venganza,

      en mil ducados le alcanza
de sus cuentas y su oficio.
        Pues que librarlos prometo
y pajar esta cuantía
por él, si a la pena mía
acudís con el secreto
        que merece vuestro honor,
estimad la libertad
de vuestro hermano, y librad
con su peligro mi amor.

Sabina
        Quedó mi esposo Conrado
preso en Roma, y por no dar
a atrevimientos lugar,
que con el mismo cuidado
        que vuestra locura engaña
intentó algún atrevido,
tuve por mejor partido
venir con mi hermano a España,
        y ya que perdió su hacienda
mi hermano, no será bien
que su honra pierda también
y en mil ducados la venda.
        Pues, poniéndola en mi mano,
quiso dejarla a mi cuenta,
por deudas no será afrenta
el estar preso mi hermano.
        Mas, decid, si me deshonra
de vuestro amor el exceso,
¿no es mejor honrado y preso
que salir libre y sin honra?

Paulo
        Mirad que declararé
los insultos de Lamberto,

| | porque de su desconcierto |
| | todos los excesos sé.
| | Forzarásme a deshonrarle,
| | y no es bien, siendo mi amigo.

Sabina   ¿Puede darle más castigo
            la justicia que afrentarle?
            Pues si eso vuestra malicia
            intenta y le ejecutáis,
            ¿en qué os diferenciáis
            de la más cruel justicia?
            Idos, amigo inconstante,
            y esto os baste por castigo,
            que quien es tan ruin amigo
            mal puede ser buen amante.

Paulo   Básteme para venganza
            de aquese desdén tirano
            que esté preso vuestro hermano;
            quíteseos la esperanza
              de verle suelto jamás;
            poco su peligro os mueve
            y poco Lamberto os debe.
            Yo procuraré de hoy más,
              ingrata, desconocida,
            de que vuestro poco seso
            agrave más el proceso.

Sabina   ¡Ay hermano de mi vida,
              que pudiéndote soltar
            tenerte preso consienta!
            Pero, ¡ay honor! vuestra afrenta,
            ¿no es más de considerar?
              ¿Qué haré en confusión tan grave,

(Aparte.)	donde el amor y la honra concurren? Mas la deshonra no afrenta si no se sabe. Espera, Adorno. (¡Ay de mí!)
Paulo	La dicha de vuestro hermano depende de vuestra mano.
Sabina	¿Guardaréis secreto?
Paulo	Sí.
Sabina	Luego os alabáis los hombres en gozando a una mujer.
Paulo	Noble soy.
Sabina	Temo perder, por más que hidalgo te nombres, la fama, que solo estriba en la vulgar opinión, y así, muera en la prisión mi hermano, como ella viva. ¡Vete ocasión de mi afrenta!
Paulo	¿Voyme?
Sabina (Aparte.)	Aguarda. (¡Ay vil temor! no pensé yo, amado honor, poneros jamás en venta.) En fin, ¿guardaréis secreto?
Paulo	Sí, que quien de veras ama guarda el honor de su dama.

Sabina	Cuando es amante perfeto: juradlo.
Paulo	Por esos ojos que hacen cielo aquesa cara.
Sabina	Pluguiera a Dios que cegara honor, y no os diera enojos: soltad mi hermano primero.
Paulo	Haré que le den mi casa por cárcel.
Sabina	La fama abrasa más que él honor el dinero.
Paulo	Esta noche le tendré en ella, por que no impida la ocasión, prenda querida, que intenta gozar mi fe, si mi ardiente amor pagáis y a la mañana en la vuestra le tendréis.
Sabina (Aparte.)	(Honor, en muestra de lo que a Lamberto amáis, disimulad este insulto.)
Paulo	¿Vendré esta noche?
Sabina	No sé.
Paulo	Cuando en sus faldas esté

     durmiendo el silencio oculto
      vendré, sin que pueda Apolo
     ver lo que por mí arriesgáis;
     ¿qué decís?

Sabina   Que no vengáis;
     mas, si venís, que sea solo.

(Vase.)

Paulo   ¡Victoria, ciego interés!
     Sujeta a tus pies está
     la honra; ¿mas qué no hará
     en la corte un ginovés?
      Pues aunque se suba al cielo
     Amor, porque todo es alas,
     cuando son de oro las alas
     cualquiera le álcanza el vuelo.

(Vanse. Salen el Caballero de Gracia, Fisberto y Ricote.)

Caballero   El cardenal, mi señor,
     en esta carta me manda
     que ponga todo calor
     en la piadosa demanda
     del Carmen, y que el favor
      de la princesa procure
     para que sitio le den
     de un convento que asegure
     la religión, y es muy bien,
     aunque la vida aventure
      en tan cristiano cuidado,
     que honre la corte española
     el instituto sagrado

	del Carmen, que estaba sola sin este orden celebrado. 　Luego hablaré a la princesa, Fisberto, con la eficacia que pide tan justa empresa.
Fisberto	Sois Caballero de Gracia, por vos el cielo interesa 　la virtud que reconoce en vuestro cristiano celo.
Caballero	Razón es que Madrid goce las gracias que da el Carmelo. ¿Cuántos padres vienen?
Fisberto	Doce.
Caballero	Al sacro colegio imita de Cristo. Yo haré que aquí tenga la Orden Carmelita un monasterio.
Ricote	Eso sí devociones ejercita, 　que tú engordarás con eso.
Caballero	Ya que me he vuelto español su celo y virtud profeso; ésta es la Puerta del Sol, bien estuviera, os confieso; 　aquí el sitio de esta casa, que el concurso de la gente que por aquí al Prado pasa es notable.

Fisberto   Y excelente
vuestra elección, si es que pasa
    por aquesto el Hospital
de la Corte.

Caballero   Dudáis bien,
que es pobre, aunque en nombre real
demás que está aquí también
la Victoria y se hacen mal,
    cuando las comunidades,
por estar cerca. se quitan
provechos y utilidades
de devotos que visitan
sus conventos y hermandades.
    Pero, decidme, ¿qué casa
es aquella donde tantas
salen y entran?

Fisberto   Donde pasa
un trato no para santas.

Ricote   Donde Venus da a la tasa
    Zupia que el seso derriba;
feria donde abre sus tiendas
el vicio a gente lasciva,
y es, en fin, porque lo entiendas,
rastro de la carne viva.

Caballero   ¿Qué dices, loco?

Ricote   ¿Esto ignoras?
A fe que lo saben hartos;
.... [-oras]

.... [-artos]
.... [-oras]
   lonja de gente ruín,
de la basura rincón,
y por no hablar en latín,
es, hablando con perdón,
la casa pública, en fin.

Caballero   ¡Jesús! ¿La casa es aquésta
donde la gente perdida
vive o muere deshonesta?
¿Donde la vergüenza olvida
la honra que tanto cuesta?
   ¡Válgame Dios, ya que admite
la costumbre y los engaños
que el vicio en la corte habite,
y porque mayores daños
excuse, aquéstos permite.
   ¿Es posible que consienta
que en esta publicidad
tenga su casa el afrenta?
¿Que la deshonestidad
pague aquí al infierno renta?
   Junto a la Calle Mayor,
por donde la gente pasa
de más caudal y valor,
¿la torpeza tiene casa
y a todos no causa horror?
   ¿Qué doncella recogida,
qué mujer noble y de suerte
verá esta gente perdida
al pasar, que no despierte
la pasión más reprimida?
   ¿A quién no ha de dar enojos,

    siempre que por aquí venga,
el ver que en viles despojos,
esta nube Madrid tenga
en las niñas de sus ojos?
    ¿Donde el honor español
vive, la deshonra puebla,
siendo de virtud crisol,
la oscuridad y tiniebla
junto a la Puerta del Sol?
    Eso no, ¡Madre de Dios!
ya tengo casa que os dar;
Del mundo salió por Vos
el demonio, que habitar
juntos, mal podréis los dos.
    Salga de aquí, pues abrasa
la corte su vil noticia,
verá la gente que pasa,
si fue casa a la malicia,
que es ya de la virtud casa.
    En el corazón me ha puesto
Dios que aqueste sitio escoja
para el convento propuesto,
porque el alma me congoja
que aquí el trato deshonesto
    a toda la corte ofenda.

Fisberto
    Si lo alcanzarais, no hay duda
que es gran cosa.

Ricote
                 ¿Y con qué hacienda?

Caballero
    Virgen, dadme vos ayuda,
que yo lo haré aunque me venda.

| | Pero aguardad, ¿qué príncipe es aquéste
que tanto coche y gente le acompaña? |

Fisberto   El cardenal don Diego de Espinosa
            invicto presidente de Castilla
            que a la Victoria va.

Caballero   Dios me le ofrece
            para que le suplique que al demonio
            quite el colegio vil de gente infame,
            que en mitad de la corte a cada hora
            con torpe amor la honestidad desdora.
            Vámosle [a] hablar. ¡Mi Dios, Virgen del Carmen,
            dadme palabras que moverle puedan
            a que destruya aquéstos que dan muerte
            al alma, y son la gente más perdida.

Ricote   ¿Qué muerte si le llaman «de la vida»?

(Salen el cardenal Espinosa, don Diego y otros.)

Cardenal   Consagra el Arzobispo de Toledo
            don Gaspar de Quiroga el templo santo
            que a las Descalzas hizo la princesa,
            y va su majestad a honrar mañana
            la devoción y fiesta de su hermana,
            y así es razón que todos los Consejos
            solícitos acudan a servilla.

Diego   Y más un presidente de Castilla.

Caballero   No es, señor ilustrísimo, a propósito
            este lugar, para que en él reciba
            memoriales y lea peticiones;

                        mas nunca pierde tiempo un pretendiente,
                        ni tiene el juez perfecto reservado
                        lugar adonde no entre la justicia;
                        porque los jueces y ministros reales
                        consigo han de llevar los tribunales.
                        Supuesta esta verdad y mi justicia,
                        no debe mi osadía de admiralle
                        si hace sala de audiencia aquesta calle.

Cardenal   Diga lo que pretende.

Caballero   Digo en suma,
                        pues a vuestra ilustrísima compete
                        de aquesta corte el régimen político,
                        que en su riñón y centro y a los ojos
                        de lo más principal que habita en ella,
                        hay una casa donde cada día
                        se ofende a Dios con juegos prohibidos
                        pudiendo estar en partes más remotas.

Ricote   Y jugando al pasar, todas son pocas.

Cardenal   ¿Casa en Madrid de juego prohibido,
                        y que públicamente se ejércite?

Caballero   Y se sabe, señor, y se permite.

Cardenal   ¿Yo lo permito?

Caballero   El rey y los consejos.

Diego   Éste es loco.

Caballero   No está su sitio lejos.

Cardenal	¿Cómo se llama el dueño de esa casa?
Caballero	Torpeza vil que la virtud abrasa. Ilustrísimo príncipe, ¿es posible que en mitad de esta corte se consienta tienda al demonio que le pague renta? Las públicas mujeres deshonestas, ¿es bien que vivan en el mejor sitio de la corte que rige los tormentos el pecado mayor junto a la Calle Mayor de este lugar, y esto se calle? Las leyes allá fuera de la corte, mujeres despeñadas de sus vicios entre barrancos y despeñaderos, que cuando está apestada alguna casa cerrarla suelen cuando no se abrasa. Los padres religiosos del Carmelo buscan un sitio en que labrar palacio a la Virgen divina, su Patrona. Cuando viene a la corte una princesa, el rey la hace dar casa de aposento; conviértase esta casa en su convento. No es bien que las tinieblas, señor, vivan junto a la Puerta que del Sol se llama; siendo Luna sin mácula María, habitación tendrá más oportuna si a la Puerta del Sol viene la Luna; haga a su majestad vuestra ilustrísima, pues es su capellán, ese servicio, y a Madrid tan honesto beneficio.
Cardenal	El celo alabo; pero no conviene mudar el orden que la corte tiene;

| | gobiérnese a sí mismo, y no se meta
en ajenos oficios y cuidados,
que Madrid tiene jueces y ministros
que dispongan las cosas que les tocan,
y quien juntó esa casa en este puesto
consideró primero lo que hacía,
y yo no pienso variar el uso
con que a Madrid la antigüedad dispuso. |
|---|---|
| Caballero | Señor, señor, perdóneme, y advierta
que Dios interiormente me está dando
impulsos para que esto se concluya;
la casa del demonio ha de ser suya.
Y si vuestra ilustrísima rehusare
hacer al Carmen santo este servicio,
harélo yo, y echando esas mujeres
de esta publicidad una mañana
con teclas y campanas verá el cielo
la casa vil que es casa del Carmelo. |
| Cardenal | Pues cuando llegue vuestro atrevimiento
con indiscreto celo a hacer tal cosa,
quitándoos la cabeza de los hombros
sabré yo dar el pago que merece
quien al juez superior desobedece. |
| (Vase.) | |
| Caballero | ¡Virgen! ¿Con la cabeza me amenazan
porque posada os busco? ¡Carmen mío!
¿Casa dan al demonio en esta corte
y os la niegan a vos? No lo permita
la devoción que vive en sus vecinos.
Con la cabeza me han amenazado, |

                si a su costa no más quito al demonio
                aquesta lonja de sus vicios trato
                y casa os doy, comprado habré barato.
                Yo haré de suerte que mañana vea
                aquesta infame casa convertida
                la corte a mi buen celo agradecida.
                A hablar voy la princesa, que yo espero
                de su real cristiandad, cuando edifica
                monasterios a Dios y a sus Descalzas,
                que no permitirá que el suyo tenga
                aqui el demonio; yo daré dineros
                para que busquen esas desdichadas
                otro puerto a sus vicios conveniente
                que no ofenda los ojos de la gente.

Ricote   Cualquier partido, si las das moneda,
                te harán cuando las saques de su nido,
                que por eso se llaman «del partido».
                ¡Qué notable virtud!

Caballero   ¡Virgen divina!
                Como vos tengáis casa en esta corte,
                y de ella se destierre la torpeza,
                ¿qué importa que me corten la cabeza?

(Vanse. Sale Lamberto, de noche.)

Lamberto   A las puertas de mi casa
                me han traído los recelos
                del honor, que anda por mí
                animando atrevimientos.
                Dióme la suya por cárcel
                la justicia a pedimiento
                de Paulo Adorno, por quien

he estado hasta agora preso.
Mil ducados por mi paga,
y aunque, obligado, confieso
la libertad que me ha dado
y el interés que le debo,
si para discursos tristes
ofrece la noche tiempo,
de tal noche que mi honor
los haga en vuestro silencio.
Llegué huyendo de mis vicios
a Madrid, piadoso cielo,
sin hacienda y sin ventura,
y apenas en él me apeo
cuando las persecuciones,
de las desdichas correos,
me aposentan en la cárcel;
que poco importa ir huyendo
de su daño el que ignorante
le lleva consigo mesmo,
porque es alguacil el vicio
que prende a su mismo dueño.
Pues honor, si Paulo Adorno
de mi prisión fue primero
autor, y a instancia de Roma
causas me intima y procesos,
si es su rigor mi fiscal,
el interés avariento
que me pide desterrado
mil ducados por lo menos,
sospechosa la codicia,
Paulo, ni amigo, ni deudo,
¿qué ocasión puede obligarle
a que me suelte tan presto?
Podrá ser que el cardenal

le escribiese que, no habiendo
de dónde cobre su alcance,
me suelte; fue al fin mi dueño;
es generoso y ilustre
prometerme esto y más puedo
de su cristiandad hidalga.
Bien, honor, estoy con eso;
mas a ser así, decidme,
¿a qué propósito ha hecho
darme su casa por cárcel,
y apacible y lisonjero
esta noche solamente,
en su mesa y aposento
le mira mi libertad,
si por él mañana puedo
gozar seguro la mía?
¿Qué interesa en este tiempo?
¿Por qué me encierra esta noche?
¿Veis si aprieta el argumento?
¿Sabina sola y mujer;
yo ausente, afligido y preso,
y él liberal y agradable?
No, honor, no puede ser bueno.
Armado salió de casa,
y yo, ya que no discreto,
por lo menos sospechoso,
la palabra y cárcel quiebro
porque esté entero mi honor.
Desatinado y travieso
he sido, mas siempre honrado;
no ha de ser mi hermana el precio,
por más que el oro conquiste
de mil ducados, si puedo.
Sed en estas puertas escoltas,

                        no más que esta noche, celos.
                        Gente viene: aquí me encubro.

(Sale el Caballero de Gracia.)

Caballero   En el encantado enredo
                        de palacio no han podido
                        hallar puerta hoy mis deseos
                        para hablar a la princesa
                        y dar con su favor medio
                        para el convento del Carmen.
                        En balde he gastado el tiempo,
                        no me dejaron entrar
                        interesables porteros;
                        mas habláréla mañana,
                        aunque ponga impedimentos
                        la vil deshonestidad
                        pesarosa de que intento
                        ganar para la virtud
                        el presidio del infierno.
                        Ni hallé a Ricote, ni sé
                        las calles por donde vengo,
                        y pienso que me he perdido.
                        Llevadme a mi casa, cielos.

(Sale Paulo Adorno.)

Paulo   La oscuridad de la noche
                        ampara con su silencio
                        mi pretensión amorosa.
                        En mi casa está Lamberto,
                        Sabina determinada
                        y yo abrasado, ¿qué espero?
                        Pero gente hay en la calle,

                    el ofrecido secreto
                    que Sabina me encargó
                    es bien guardar aquí, quiero
                    esperará que se vayan.

(Sale Sabina.)

Sabina   ¿Si estará mi hermano suelto?
                    ¡Ay honor, a lo que obliga
                    la sangre, pues a ofenderos
                    me fuerza! Noche confusa,
                    encubrid al vulgo necio
                    los peligros de mi fama.
                    Si es Paulo Adorno el que veo
                    abridle, honra, que en la calle
                    el recato corre riesgo.
                    ¡Ay infelice Sabina!
                    ¡Ay desdichado Lamberto!
                    ¡Ay ofendido Conrado!

Caballero   ¿Qué escucho? ¡válgame el cielo!
                    ¿Lamberto y Sabina aquí,
                    y Conrado entre lamentos
                    piadosos a tales horas,
                    si son los tres que sospecho?

Sabina   ¿Sois Paulo Adorno, señor?

Caballero (Aparte.)   (Por saber este suceso
                    tengo que decir que sí.)
                    Yo soy, señora, ese mesmo.

(Aparte.)   (Ésta es la voz de Sabina.)

Lamberto (Aparte.)   (¡Ay, qué a mi costa habéis hecho

verdad, honor, mi sospecha!)

Paulo (Aparte.) (¿Otro Paulo Adorno? Bueno.
¿Descubriréme? Mas no,
que así la palabra quiebro
del secreto prometido.
Mejor es que el sufrimiento
aguarde a ver en qué para
este disfraz, que mis celos,
si prosiguiese en su engaño,
no dejarán que entre dentro.)

Sabina Si Lamberto está ya libre,
que lo supongo por cierto,
en fe de vuestra palabra,
pues sois, en fin, caballero,
mostradlo en esta ocasión,
y vuestra pasión venciendo,
obligad prendas del alma
sin injuriar las del cuerpo.
Vuestra nobleza agraviáis
si, cual tratante avariento,
vendéis la necesidad,
que mil ducados no es premio
equivalente al honor
que necesitada os vendo.
No afrentéis a una casada
ni a un marido ausente.

Caballero (Aparte.) (¡Cielos!
No en balde aquí me trujiste!
el perderme os agradezco.
Sabina es ésta; y si saco
consecuencias de aquí, a precio

de su honor la libertad
ha comprado de Lamberto;
razón será, cuando quito
a la desvergüenza el templo
de la deshonestidad
y su casa librar quiero,
que libre la de mi hermano.
¡Miren si he sido yo cuerdo
en no casarme! ¡Oh cruel yugo,
de ti libre Dios mi cuello!
¿Diré quién soy? Mas mejor
es, por que me admita dentro,
fingirme el interesado
de este afrentoso concierto,
que, apretando los cordeles
del honor, sabré por ellos
si hay firmeza, cuando él da
a la necesidad tormento.)

Lamberto (Aparte.)　(¿Que mis torpes desatinos.
en este trance hayan puesto
a mi hermana? ¿Y que su honor
haga la torpeza empeño?
¡Vive Dios, villano amante,
si a sus honrados deseos
no correspondes cortés,
que he de travesarte el pecho!)

Caballero　Sabina: si no me abrís
y a mi amor buscáis rodeos,
haré volver a la cárcel
al punto al hermano vuestro.

Sabina　En fin, ¿no pueden con vos

	lágrimas, conjuros, ruegos ni el valor de vuestra sangre? Entrad, pues, aunque primero que ofendáis mi honestidad podrá ser, libre el acero, la fama que tiranizan vuestros gustos deshonestos.
Caballero	Abrid la puerta.
Paulo	Eso no, ladrón de honras encubierto; que asiste aquí de Sabina el amante verdadero.
Lamberto	¡Villano! Antes que mi hermana agravies, tendrán ejemplo en tu muerte los que la honra piensan comprar con dineros.
Caballero	Paulo Adorno: sosegaos; Lamberto, hermano: teneos, que estáis los dos engañados.
Sabina (Aparte.)	(Aquí está mi hermano, ¡ay cielos!)
Paulo (Aparte.)	(Lamberto supo, sin duda, la fuerza de mi amor ciego y a vengar su injuria vino.)
Lamberto	¿Quién eres?
Caballero	Hermano vuestro: el Caballero de Gracia.

Lamberto	¿Cómo?
Paulo	¿Qué escucho? ¿Otro enredo?
Lamberto	¿Jacobo de Gracia vos? ¡Hola! sacad luces presto.

(Sale Ricote con un hacha.)

Ricote	Por una hacha fui a mi casa, y cuando a palacio vuelvo por mi señor, no le hallo; suspensión del vino temo.
Caballero	Ricote: llega esa luz.
Ricote (Aparte.)	(¡Al Niño perdido un credo desde hoy! Topé con él.)
Lamberto	¿Que he sido digno de veros, Jacobo, en esta ocasión?
Caballero	Dad gracias a Dios por ello que a los peligros acude.
Lamberto	¡Qué de ofensas que os he hecho!
Caballero	La que hoy hemos restaurado es razón que ponderemos, y para qué otras se excusen quiero en mi casa teneros con Sabina vuestra hermana.

Lamberto	No nos lo debéis.
Caballero	Si, debo, pues de perseguirme vos mi buena suerte intereso. Yo haré que venga Conrado libre de Roma, que espero del cardenal esto y más.
(A Paulo.)	Y vos, pues os hizo el cielo rico, aprovechad mejor vuestra hacienda, que el empleo de los vicios es caudal que se pierde con su dueño. Venid por los mil ducados a mi casa.
Paulo	Yo los suelto, dándolos por bien empleados, pues os conozco por ellos.
Caballero	La vergüenza de Sabina impedirá los deseos que de verme habrá tenido. Andad con Dios, caballero, y con vuestro oro fundad un mayorazgo en el cielo, que no es hazaña de noble echar sobre el honor censos.
Paulo (Aparte.)	(Este hombre parece santo.)
(Vase.)	
Caballero	Entrad, hermano.

Ricote ¿Qué es esto?
Esta noche está borracha,
o yo lo estoy, que es más cierto.

Fin de la segunda jornada

Jornada tercera

(Salen don Cristóbal de Mora y el Caballero de Gracia, con hábito de Cristo.)

Cristóbal
      Ha aumentado la afición
que a vuesa merced tenía
la nueva prohijación
que a los dos desde este día
da una patria y profesión.
    Ya es portugués adoptivo,
si yo lo soy natural,
ya a mi nación apercibo
con hijo tan principal
valor nuevo.

Caballero
          Yo recibo
su noble insignia, señor,
bien que indigno de tal prenda,
con obligación mayor,
pues servirle me encomienda,
si me hace comendador
   y el ánimo solicito
que vueseñoría me da
con la Cruz, en que le imito,
que buen ejemplo tendría,
si a sombra suya milito.

Cristóbal
      No sé si llega su renta
a mil ducados, mas quede
desde hoy a mi cargo y cuenta
el mejorarle.

Caballero
         Bien puede
vueseñoría, aunque intenta

	mi aumento, descuidar de eso
que mucho menos le basta
al estado que profeso.
Cristóbal	Sé cuán bien su hacienda gasta.
Caballero	Si trae la cruz mucho peso
podrá ser que a tropezar
me obligue de tal manera,
que me estorbe su pesar;
cuanto fuese más ligera
será mejor de llevar.
No apetezco mucha hacienda,
la que me dio Monseñor
y la de aquesta encomienda
me sobra, y siendo mayor
mi quietud temo que ofenda.
Cristóbal	El rey sale con su hermana
la princesa, mi señora.
Caballero (Aparte.)	(Mi dicha el peligro allana.
¿Qué temo? Hablaréle agora,
pues con su presencia gana
el favor que he menester.)

(Salen el Rey y la Princesa, don Diego y don Juan.)

Rey	Ya vuestra alteza estará
contenta, pues llega a ver
lo que deseado ha
tantos días.
Princesa	Por tener

| | mi monasterio acabado
y de su fábrica estar
vuestra majestad pagado,
puedo a mi ventura dar
el parabién deseado,
   y porque con su asistencia
nuestra fiesta ha sido real.

Rey

La iglesia es por excelencia,
y el comenzado hospital
va conforme el arte y ciencia.

Princesa

   Con esa satisfación
no tendrá la obra defecto,
pues la aprueba el Salomón
de España, rey y arquitecto,
gloria de nuestra nación,
   que el Escorial, en quien fundo
de Jerusalén el templo,
que fue milagro del mundo,
le ha de llamar a su ejemplo
nuestro Salomón segundo.

(Llégase el Caballero de Gracia, de rodillas, al Rey.)

Caballero

   Vuestra majestad, señor,
castigue en mí un desacato,
hecho con poco recato,
aunque digno de loor.
Junto a la Calle Mayor
por donde el concurso pasa
de su corte, tenían casa
las mujeres más perdidas
de Madrid, con cuyas vidas

la mayor virtud se abrasa.
   Supliqué a su presidente
de Castilla que mudase
aquella gente y la echase
a otra parte más decente,
y que el Carmen excelente
fundase allí, y la esperanza
de tan piadosa mudanza
diese a Dios, con dicha inmensa,
casa en que vivió la ofensa
y ya vive su alabanza.
   Respondió con aspereza
que si la devoción mía
novedad alguna hacía
peligraba mi cabeza.
Pero yo; que la torpeza
de aquesta gente mundana
aborrezco, una mañana
hospedar a Dios dispuse,
desterré al demonio y puse
celdas, iglesia y campana.
   Holgóse la vecindad
libre de aquel vituperio,
ya es del Carmen monasterio
el de la sensualidad.
Si esto Vuestra Majestad,
siendo tan cristiano y fiel,
(Saca un cordel.)   juzga por culpa, el cordel
desde ayer traigo conmigo,
para que me de el castigo
que he merecido con él.

Princesa   Vuestra majestad le haga
merced, porque es cosa mía.

Rey	Devota es vuestra osadía;
	no es justo que se deshaga
	casa de quien Dios se paga
	y al vicio se pone freno.
	Vuestro celo ha sido bueno,
	y aunque el Carmen en tal cabo
	está bien, el hecho alabo,
	las circunstancias condeno.

(Vase el Rey.)

Caballero	¡Qué. compendiosa sentencia!
	¡Qué cristiana conclusión!
	Bien te llaman Salomón
	en la justicia y clemencia.
	¡Prospere Dios tal prudencia!
Princesa	En fin, me habéis imitado;
	un monasterio he fundado
	y otro al Carmen dedicáis,
	como un hospital hagáis
	me habréis en todo igualado.
Caballero	No puedo yo ser igual
	a hazañas tan excelentes,
	aunque a los convalecientes
	también he dado hospital.
	La calle de Fuencarral
	se honra con esta obra pía;
	flaca la gente salía
	enferma y para volver,
	gran señora; a recaer,
	¿de qué curallos servía?

      Allí a su regalo asisto
mientras fuerza y salud cobra.

Princesa
   No solo en hábito, en obra
sois caballero de Cristo;
el celo que en vos he visto
es bien, Jacobo, que aliente;
quien sustenta tanta gente
los gastos tendrá doblados.
¡Hola! dadle mil ducados.

Caballero
   ¿Otros mil? El cielo aumente
     la católica virtud
con que España se está honrando.

Princesa
   Encomendadme a Dios, que ando
muy quebrada de salud.

Caballero
Como mi solicitud
lo que le falte asegure,
¿qué habrá que yo no procure
para que su vida aumente?
Mas vuestra alteza, ¿qué siente?
podrá ser que yo la cure.

Princesa
   Con oraciones sí haréis.

Caballero
Dígame esto vuestra alteza.

Princesa
   De estómago y de cabeza
mil dolores, que podréis
remediar si instancia hacéis
a Dios.

Caballero	Valgo para eso
poco, y aunque no profeso
medicina, una receta
tengo yo santa y discreta,
a quien debo vida y seso.
Cuando en Bolonia estudiaba,
de suerte me perseguía
ese dolor cada día,
que por muerto me dejaba.
El médico me mandaba
beber vino, si mi vida
estimaba, consumida
con el estudio y cuidado,
mi estómago delicado,
el agua, y poca comida.
Pero nunca Dios permita
que el vino haga en mi sosiego,
tocar en el alma a fuego
ni su vecindad admita.
Íbame al agua bendita,
—¡mire que extraña simpleza!—
y prometo a vuestra alteza
que las pilas agotaba
bebiéndola, y me aliviaba
el estómago y cabeza.
Desde entonces hasta agora
no he sabido qué es dolor;
no hay medicina mejor
que agua bendita, señora.
Princesa	Quien vuestra virtud ignora
juzgara por desatino
lo que el cielo a daros vino.
A ser mi fe cual la vuestra

                hiciera en mi salud muestra
                ese remedio divino.
                   Con la sagrada divisa
                de Cristus honrado estáis,
                si es que servirme gustáis,
                Jacobo, ordenaos de misa,
                pues vuestra virtud me avisa
                que con tan divino oficio
                daréis de quien sois indicio,
                mi capellán os haré.

Caballero   Vuestra alteza en mí no ve...

Princesa   Hacedme aqueste servicio.

(Vanse todos, sino es el Caballero.)

Caballero   ¿Yo sacerdote, mi Dios,
                con suficiencia tan poca?
                ¿Yo señor de vuestra boca?
                ¿Cristo de mi boca, Vos?
                ¿Tanta amistad en los dos
                que, a mi palabra obediente,
                bajáis siendo omnipotente,
                cuando en el cielo asistís?
                Mi Dios, si de esto os servís
                hacedme vos suficiente.

(Vase. Salen Fisberto y Ricote.)

Fisberto   Mil ducados que ha dado la princesa
               para ayuda de costa a vuestro dueño
               os dejo en casa.

Ricote	Buena mosca es esa; mas ¿qué importa, si es número pequeño cuanto tesoro de Indias interesa el Rey para sus gastos? Yo os empeño mi palabra que dure poco en casa, aunque comemos con medida y tasa. 　Ha hecho un hospital y en él sustenta tantos convalecientes que es espanto; ochocientos ducados que de renta la encomienda no bastan para tanto; a un pobre caballero que aquí intenta un mayorazgo, de su celo santo ayudado socorre la pobreza.
Fisberto	Lastima más si cae sobre nobleza.
Ricote	Ayer hizo vender toda su plata y dio a una mujer noble el precio de ella para dote de una hija, porque trata de empeñar su hermosura o de vendella.
Fisberto	Es la necesidad madrastra ingrata, no es en la corte la primer doncella que a falta de otras joyas su honra vende.
Ricote	¡Plegue a Dios que después no la remiende!
Fisberto	Vos tenéis un señor bien diferente de los que agora se usan en España, dadle esa cantidad y adiós.
(Vase.)	
Ricote	¡Que intente

traerme al retortero una picaña!
¡Válgate el diablo, Amor impertinente!
¿Una fregona a mí, una telaraña
me ha de coger cual mosca en su garlito?
Sirviendo a un santo, amar es gran delito.
   ¡Ay si lo sabe, pobre de Ricote,
tras un sermón habrá despedimiento!
¿Que tenga yo por amo a un virginote
y me tiente Inesilla? No consiento.
Emplee Amor en otros su virote.
Mas —¡ay Inés— no pidas casamiento
y friega en este pecho tu retrato,
de tu esperanza apetecible plato.
   Esto de Inés, ¿qué voluntad no inclina?
Hay otros nombres ásperos: Olalla;
ola en mujer, borrascas adivina;
Dominga, que el domingo han de guardalla;
Polonia está sin dientes; Catalina,
empezando por cata han de catalla
cuantos llegaren; pero Inés —¡qué agrado!—
¡Ay Dios! ¿Qué haré que estoy ininesado?

(Sale el Caballero de Gracia.)

Caballero   Extraña confusión me habéis causado,
católica princesa. ¡Sacerdote
un pecador de crímenes cargado!
¿De Oza no temo el riguroso azote?
Si muere, porque el arca toca asado,
¿he de tocar yo a Dios?

Ricote   Señor.

Caballero   Ricote.

Ricote	Mil ducados te envía la princesa.
Caballero	Déjame solo.
Ricote (Aparte.)	(Inés, mi alma es Inesa.)

(Vase.)

Caballero
Los ángeles sin diezmo han alcanzado
la dignidad del sacerdocio eterno;
San Francisco, que fue vuestro traslado,
no se atrevió a ordenar humilde y tierno.
Cortóse el dedo Marcos, con que ha dado
a la fe su evangelio y el gobierno
sacerdotal rehusó, valiendo tanto,
¡y osaré tocar yo vuestro Altar santo!

(Salen un Capitán y Roberto.)

Capitán
Pretender en la corte sin dinero,
alegando papeles y servicios,
es pedir fruta y flores por enero,
que solo el interés alcanza oficios,
pues ni el ser capitán, ni caballero,
ni en Flandes hazañosos eiercicios
bastan para alcanzar lo que pretendo;
pobreza, a vuestra industria me encomiendo.
   Aquí, Roberto, vive una casada
rica en extremo, su marido ausente.

Roberto
Nuestra necesidad es extremada,
la noche a nuestro intento conveniente.

Capitán	Entremos encubiertos, que, negada, si sus joyas gozarnos no consiente, con ellas perderá vida y belleza.
Roberto	Y su infame rigor nuestra pobreza.

Caballero	¡Oh cruel necesidad!
	¡que la falta de dinero
	obligue así a un caballero
	a ofender su calidad!
	   Quitar quiero la ocasión
	que le ofrece su pobreza
	y socorrer la nobleza
	que desdora su opinión.
	   Caballero, yo he sabido
	que en la corte pretendéis
	los cargos que merecéis
	porque al rey habéis servido
	   valerosamente en Flandes
	contra su gente enemiga;
	la necesidad obliga
	a emprender delitos grandes.
	   Tomad estos cien escudos
	por hacerme a mí merced,
	y en gastándolos, volved
	por más, que ellos cual yo, mudos,
	   socorrerán con largueza
	el aprieto con que estáis,
	y aquí, ya que allá la honráis,
	no afrentéis vuestra nobleza
	   poniendo cosas por obra
	que injurien vuestro valor,
	porque, perdido el honor,
	o tarde o nunca se cobra.

(Dáselos.)

Capitán	Dios en mi remedio toca,
	aquestos labios cristianos
	con el socorro en las manos
	con el consejo en la boca,
	remedio de mi desgracia,
	¿quién mi dicha en ti apercibe?
Caballero	Andad con Dios, que aquí vive
	el Caballero de Gracia.
Capitán	Gracias doy agradecido
	a tan hidalgo valor.
	Volvamos por vos, honor,
	que os tuve casi perdido,
	y, al que os socorre de gracia
	sin tener de mí noticia,
	llamad de hoy por justicia
	el Caballero de Gracia.

(Vanse.)

Caballero	Agora importa avisar
	que con cuidado defienda
	su honra, casa y hacienda,
	la que ocasión pudo dar
	a robarla a este soldado,
	que al pobre con opinión
	hace agresor la ocasión
	y la ocasión al pecado.
	Pero, mi Dios, declarad
	las dudas que mi alma tiene.

Mandado me han que me ordene;
temo de esta dignidad
  la pureza que procura
llegar cada día, mi Dios,
a vuestro altar. Si con Vos
el alma más limpia y pura
  es inmunda y pecadora,
¿quién no tiembla? ¿Qué señor,
aunque tenga más amor
a quien le sirve y adora,
  si ve que con faltas llega
descompuesto y mal vestido,
no le echa de si ofendido
y su presencia le niega?
  Pues si nada se os esconde,
si caláis los pensamientos,
si medís los elementos,
si no hay parte o lugar donde
  de Vos puedan los humanos
sus defectos esconder,
¿cómo os osaré tener
en mis atrevidas manos?
  Al santo Papa León
primero, que en Roma un día
con mil ansias os pedía
de sus culpas remisión,
  vuestra piedad satisfizo
diciendo que perdonados
estaban ya sus pecados,
fuera de aquellos que hizo
  en ordenar sacerdotes
sin virtud ni suficiencia.
Y volvió a hacer penitencia
por excusar los azotes

de vuestra ira; pues, Señor,
si a quien indignos ordena
dilata para más pena
el perdón vuestro rigor,
¿qué haréis al mismo ordenado
que el sancta sanctorum toca
con las manos y la boca
y del cielo os ha abajado?
Vos sabéis lo que deseo
el ordenarme, Señor,
que es propiedad del amor
cuyas llamas en mi veo
juntarse a la cosa amada,
y como os amo, querría
incorporar cada día
mi alma en vos abrasada
con la vuestra, pues con Vos
junto, en fe de que os adoro
mi ser realzo y mejoro
haciéndome de hombre Dios.
No os indigne que mi pecho
os busque, que es natural
el pretender cada cual,
Cristo mío, su provecho.
Decidme, por que no pene,
con qué más os serviré,
¡con que en este estado esté,
mi Dios, o con que me ordene!

(Sale un Pintor.)

Pintor   Por saber que es tan curioso
vuesa merced, y que estima
pinturas, si las anima

                    algún pintor valeroso,
                       para su oratorio tengo aquí
                    dos cuadros de mano
                    del celebrado Pinciano.

Caballero   Con pinturas me entretengo;
                       veamos qué tales son.

Pintor   Por ser nuevo el pensamiento
                    de ésta, ha de darle contento
                    y animar su devoción.
                       Ésta es de Nuestra Señora,
                    que en fe de la reverencia
                    que tenía a la presencia
                    de un sacerdote, a la hora
                       que le veía, se postraba,
                    aunque madre de Dios es,
                    y en levantando él los pies
                    sus impresiones besaba,
                       que así María acredita
                    a quien da a Dios en sustento.
                    Escribe este pensamiento
                    San Dionisio Areopaguita,
                       y es digno de que se note
                    y a espantar el mundo venga,
                    que a la madre de Dios tenga
                    a sus pies un sacerdote:

Caballero   ¡Válgame Dios y qué a punto,
                    en castigo de mi mengua,
                    hace el cielo un pincel lengua,
                    y con, aqueste trasunto
                       corrige el atrevimiento
                    que de ordenarme he tenido!

　　　　　　　　Ángeles que habéis servido
　　　　　　　　a Dios de escabel y asiento,
　　　　　　　　　y en honra de las bellezas
　　　　　　　　de vuestras jerarquías santas,
　　　　　　　　ponéis debajo las plantas
　　　　　　　　de María las cabezas;
　　　　　　　　　¿cómo espanto no os provoca
　　　　　　　　que donde pone los pies
　　　　　　　　un sacerdote, después
　　　　　　　　ponga María su boca?
　　　　　　　　　La que es en la gracia una,
　　　　　　　　la que pisa serafines,
　　　　　　　　guarneciendo sus chapines,
　　　　　　　　por ser de plata, la Luna;
　　　　　　　　　¿ésa la tierra guarnece
　　　　　　　　con su boca, que ha pisado
　　　　　　　　él sacerdotal estado?
　　　　　　　　¿No tiembla; no se estremece
　　　　　　　　　el que ordenarse porfía,
　　　　　　　　encargándose de andar.
　　　　　　　　pasos que puedan besar
　　　　　　　　después labios de María?
　　　　　　　　　¿De qué es esotra?

Pintor　　　　　　　　　　　　Ésta es
　　　　　　　　del Redentor cuando estaba
　　　　　　　　de rodillas, y lavaba
　　　　　　　　al falso Judas los pies.

Caballero　　　　Con eso crecen mis dudas.
　　　　　　　　¿Cómo, omnipotente Dios?
　　　　　　　　¿Por qué ha de ordenarse Vos
　　　　　　　　besando los pies de Judas?
　　　　　　　　　¿Del hombre más atrevido,

　　　　　　　　　　más desleal, más traidor,
　　　　　　　　　　de quien le fuera mejor,
　　　　　　　　　　mi Dios, nunca haber nacido,
　　　　　　　　　　　¿vuestra boca en los pies fieros
　　　　　　　　　　ponéis, que os han hecho guerra,
　　　　　　　　　　que están con el polvo y tierra
　　　　　　　　　　que pisó yendo a venderos?
　　　　　　　　　　　Si lo hacéis por que después
　　　　　　　　　　se ha de ordenar Jesús, bueno,
　　　　　　　　　　y yo también si me ordeno
　　　　　　　　　　os he de ver a mis pies,
　　　　　　　　　　　aunque excuse lo que medro
　　　　　　　　　　en el altar por serviros,
　　　　　　　　　　no lo haré, por no deciros
　　　　　　　　　　lo que al lavárselos Pedro.
　　　　　　　　　　　Perdóneme la princesa
　　　　　　　　　　y mis deseos mal seguros,
　　　　　　　　　　que han de ser los pies muy puros
　　　　　　　　　　que Cristo regala y besa,
　　　　　　　　　　　y él esos cuadros me lleve
　　　　　　　　　　a mi oratorio, y después
　　　　　　　　　　concertaremos lo que es,
　　　　　　　　　　dando lo que se le debe.

Pintor (Aparte.)　　(Este hombre es sin duda santo:
　　　　　　　　　　grande virtud he en él visto.)

Caballero　　　　　¿Que un sacerdote de Cristo
　　　　　　　　　　con vos, Señor, pueda tanto?
　　　　　　　　　　　Si del talento que dais
　　　　　　　　　　y de la merced que hacéis,
　　　　　　　　　　libros de caja tenéis
　　　　　　　　　　y estrecha cuenta tomáis
　　　　　　　　　　　y yo a pagaros no basto,

> favor que es tan excesivo;
> ¿qué mucho deje el recibo
> teniendo alcance del gasto?
>   Juzgádome ha insuficiente
> él temor que en mí se esparce.

(Salen don Juan y don Diego.)

Juan
> ¿Qué Rodrigo Vázquez de Arce
> salió en fin por presidente?

Diego
> Presidente es de Castilla.

Juan
> ¿Que un letrado el mundo mande
> cargo que es digno de un grande
> de España, la primer silla
>   un jurista?

Diego
> Aunque se asombre
> de un presidente el poder,
> si un ángel no lo ha de ser,
> forzoso es el serlo un hombre.

(Vanse.)

Caballero
> «¡Si un ángel no lo ha de ser
> forzoso es el sello un hombre!»
> Esto se dice en mi nombre,
> alma, dejad de temer.
>   Bien es que el misterio note
> que mi fe vino a animar,
> no puede un ángel gozar
> el cargo de sacerdote.
>   Hombre es fuerza que ejercite

         tan suprema dignidad,
         de nuestra fragilidad
         Dios tocarte en pan permite.
            Mi poco ánimo condeno,
         fe santa, alentadle vos,
         que el estar siempre con Dios
         me obligará a ser más bueno.
            Ayudada su eficacia,
         si me da su gracia y fe,
         llamarme mejor podré
         el Caballero de Gracia.
            Ya de sacerdote el nombre
         amo, pues llego a saber,
         si un ángel no lo ha de ser,
         que es forzoso serlo un hombre.

(Vase. Sale Inés con mantellina, y Ricote.)

Ricote   Inesilla, tu hermosura
         es el hechizo español,
         y siendo tu cara el Sol
         no hay contigo noche oscura.
            Ella y el diablo me tienta,
         tu amor vinoso me abrasa.
         Aunque me eche de su casa
         mi señor y hagamos cuenta,
            tu belleza he de gozar
         esta noche a letra vista,
         y siendo amor organista,
         tus teclas ha de tocar.
            Éntrate en este aposento,
         recámara de un lacayo,
         que en tu abril busca su mayo.

| Inés | En no habiendo casamiento
no aguarde manifatura. |
|---|---|
| Ricote | Ya empiezas a congojarme.
¡Que no pueda yo librarme
de los asaltos de un cura!
  Si bebo, un cura bautiza,
o por decirlo mejor,
un tabernero el licor,
con que Noé se autoriza.
  Si salir de noche intento
entre su tiniebla escura,
luego topo con un cura
que va a dar el Sacramento.
  Si duermo, un cura soñado
que me descomulgue topo;
si entro en la iglesia, el hisopo
está de un cura agarrado.
  Un cura, si no me caso,
impedirme a Inés procura;
en signo nací de cura,
pues los topo á cada paso.
  Entre, y no se me rebulla,
que hay si la ven al momento,
sermón y despedimiento
verle en un pie como grulla,
  que si vidas apetece
bodas tendremos después. |
Inés	¿Que te casarás?
Ricote	Sí, Inés.
Inés	Júralo una vez.

Ricote 	Y trece;
       	pero no ha de ser pesada,
       	que cantará si me hechiza
       	con Monsieur de la Paliza,
       	«la bella malmaridada».
(Vase Inés.)	Esto está como ha de estar,
       	cuéstemelo que me cueste;
       	mi amo antes que se acueste
       	las puertas hace cerrar.
       	Mas ya está la ganga en casa,
       	perdone su devoción,
       	que no es mucho un refregón,
       	pues si rizna, luego pasa.
       	Coja yo vuestro cabello,
       	ocasión, que si la dama
       	Iglesia después se llama,
       	yo negativo y a ello.

(Salen el Caballero de Gracia y Fisberto.)

Caballero	Pues los clérigos menores
       	a la corte a fundar vienen,
       	y como muebles no tienen,
       	ni dineros, ni favores,
       	mil ducados que me ha dado
       	la princesa mi señora,
       	podrán cumplir por agora
       	mi deseo y su cuidado.
       	Compren un sitio con ellos,
       	que hacia el Prado estarán bien,
       	y mientras labran, estén
       	en mi casa, que en tenellos,
       	Fisberto, en mi compañía,

          gozaré la bendición
que Dios echó a Obededón.

Ricote
          ¡Un convento cada día!
            ¿Qué hacienda basta y caudal?
El Carmen fundaste ayer.
No has acabado de hacer
a los pobres hospital
     en que después convalezcan,
¿y ya quieres dar posada
a toda una clerigada
en tu casa? Aunque merezcan
     todo eso y más, ¿quién te mete,
señor, en tantos extremos,
ni en casa cómo podremos
caber con tanto bonete?

Caballero
     Pluguiera a Dios que pudiera
como el gusto lo acomoda,
hacer yo una corte toda
de religiosos.

Ricote
          Y hubiera
     mucho que ver en Castilla,
pues en fe de aquesa ley,
hubiera de andar el rey
con bonete o con capilla.

Caballero
     Llevadlos ese dinero,
y mañana a vivir vengan
a mi casa, donde tengan
hospedaje, que, pues quiero
     ser clérigo, en compañia
de los que clérigos son

	Menores, su perfección dará materia a la mía; ve tú también con Fisberto.
Ricote (Aparte.)	(Mas quedo con mi ocasión, Ciégamele San Antón, que si la topa soy muerto.)
(Vanse.)	

Caballero	Dinero, echándoos de casa
	echo de ella al enemigo,
	y a la avaricia castigo
	mísera, necia y escasa.
	  Mi Dios, pues sois Rey,
	razón, es que en la corte viváis,
	y en muchas casas tengáis
	religiosa habitación.
	  ¡Ojalá que yo pudiera
	en estas ocupaciones
	traer cuantas religiones
	os sirven, por que viviera
	  satisfecha la codicia
	que alienta mi devoción,
	porque las órdenes son
	tercios de vuestra milicia.
	  Sin dineros me he quedado
	aun para la costa corta
	de mi casa, mas ¿qué importa?
	¿Con Dios no los he gastado?
	  Él nos dará de cenar,
	que no es deudor avariento.
	Pasos parece que siento.
	¿Quién pudo adentro quedar,

              si Ricote fuera está
y en su compañía sola
vine? ¿Quién puede ser? ¡Hola!
¿Quién anda ahí? Salga acá.

(Sale Inés.)

Inés   Ya salen, ¡válenos Dios!

Caballero   ¿Qué es esto?

Inés   Una mujer es
que no es nadie.

Caballero   ¿Quién?

Inés   Inés.

Caballero   Pues ¿qué, buscáis aquí vos?

Inés   Buscaba a mi matrimonio,
que es Ricote.

Caballero   ¿Para qué
le buscáis vos?

Inés   Ya lo ve;
engañónos el demonio.

Caballero   ¿Pues está con vos casado?

Inés   No, señor; pero podía.

Caballero   ¿Hay tan gran bellaquería?

Inés   Trátele bien, que es honrado.

Caballero   ¡Jesús! ¿Deshonestidades
en mi casa?

(Sale Lamberto.)

Lamberto   ¿Qué es aquesto?

Caballero   Oh Lamberto, deshonesto
Ricote...

Inés   Hablando verdades,
no ha habido hasta agora nada.

Lamberto   Pues ¿qué es lo que había de haber?

Caballero   Llevadme aquesta mujer,
A la galera.

Inés   ¡Ay cuitada!

Caballero   Llevadla.

Inés   ¿Yo galeota?
¡Señor, duélante mis quejas,
que diz que rapan las cejas,
y allí una cómitra azota
    hasta que se cansa!

Caballero   Ansí
no ofenderéis a Dios más.

Inés	Si agora perdón me das, yo os prometo desde aquí ser un ánima de Dios, una santa Catalina.
Caballero	Lamberto, haced que Sabina la tenga encerrada, y vos cuidad también de guardarla hasta que busquemos medio con que la demos remedio.
Inés	¿Encerrarme? Más matarla.
Caballero	¿Casaréisos?
Inés	Eso sí.
Caballero	Pues sed vos mujer de bien, que yo haré que dote os den. Ea, llevadla.
Lamberto	Vení.
Inés	El verá qué bien apruebo como casamientos haya.
Caballero	Tened cuenta no se os vaya.
Lamberto	A casa, hermano, la llevo.
(Vanse.)	
Caballero	Que tenía en opinión yo a Ricote de virtuoso,

mas siempre es dificultoso
conocer un corazón.
　Ya os entiendo, torpe vicio,
que, como entrada no halláis
en mi casa, os contentáis
con el más frágil resquicio
　de un criado, que el castillo
de más defensa y poder
tal vez se suele perder
por el más flaco portillo.
　Sin luz quiero aquí esperarle,
que no acabo de creer
sino que aquesta mujer
entró aquí para engañarle;
　sabré a oscuras lo que pasa
cuando la vuelva a buscar,
y un instante no ha de estar
si es que la trujo a mi casa,
　que de la torpeza ciega
rehuso la vecindad,
y la deshonestidad
es contagio que se pega.

(Sale Ricote.)

Ricote　　　　De la mitad del camino
vuelve el temor mis pies,
recelando que mi Inés
tope mi medio Teatino.
　Cerrado en su sala está,
porque a la quietud se inclina,
y si no se disciplina,
o contempla o rezará.
　Aquí mi virtud quedó,

	el diablo me precipita.
	¿Inés, oyes, Inesita,
	amores, si se durmió?
Caballero (Aparte.)	(¿Hay tal cosa, que en travieso
	haya dado aqueste loco?)
Ricote	Basta ya la burla un poco.
	Inés, aquí está tu hueso.
Caballero	¡Jesús, qué hombre tan perdido!
Ricote	¿Inés, fregoncilla mía?
	Yo soy; el diablo seria,
	Inés, que te hubieses ido.
	Ya está mi amo santurrón,
	o rezando, o acostado,
	mira que estoy rematado;
	háblame, mi corazón.
	Ó está durmiendo o se fue,
	voy por luz para saberlo.
(Vase.)	
Caballero	No lo creyera a no verlo.
	¡Cielos, que en mi casa esté
	hombre de tales costumbres!
	Despediréle al momento.
(Sale Ricote con una luz.)	
Ricote	Mucho, Inés, tus burlas siento;
	basten ya las pesadumbres;
	háblame —¡cuerpo de Cristo!—

	que no hay temer embarazos;
	fregona, dadme esos brazos.
	¡Ay, Jesús! ¿Qué es lo que he visto?
	¡En las brasas hemos dado!
	¡Oh quién no hubiera nacido!
Caballero	¿Qué buscáis aquí?
Ricote	He perdido,
	porque el rosario he quebrado,
	unas cuentas por aquí,
	y traje luz para alzarlas.
Caballero	Cuentas, que mal podréis darlas
	de vos.
Ricote	Algunas perdí,
	y como rezo por ellas
	pesadamente le llevo.
Caballero	Andad, y de lo que os debo
	mañana volved a hacellas.
	No estéis en mi casa más.
Ricote	Pues qué, ¿hay ya despedidura?
	¿Es por Inés por ventura?
	Si la mírase jamás
	un basilisco me mire.
Caballero	No me repliquéis, salid;
	buscad señor en Madrid
	a quien servir.
Ricote	No se admire

	de cosas, vuesamerced, humanas.
Caballero	¿Cómo no ís?
Ricote	Si a la Red de San Luis vivimos y en una red pesca el demonio por uso tanto perdido mancebo, ¿qué se espanta si por cebo una merluza me puso que picase en el anzuelo?
Caballero	Idos, que os haré llevar a la carcel.
Ricote	Perdonar los pecados manda el cielo. ¡Duélase de un pecador lacayo!
Caballero	Sois deshonesto.
Ricote	Si se ha enojado por esto yo me caparé, señor.
Caballero	Idos.
Ricote	Iránse importunas tentaciones desde hoy; escarmiento, pues me voy despedido y en ayunas.

(Vase. Sale el Capitán.)

Capitán

En fe, señor, de la ayuda
que no ha mucho que me hicistes,
cuando mi honor socorristes,
es fuerza que agora acuda
  a ejecutar la palabra
que a mi pobreza habéis dado.
En Nápoles he alcanzado,
que en fin la paciencia
  labra de la justicia los pechos
la conducta que pedí,
y para salir de aquí
y pagar los gastos hechos,
  fuera de la cantidad
que me distes, y vos debo,
culpad, si veis que me atrevo,
mi muda necesidad,
  otros doscientos ducados.
Si me los dais, entended
que excusáis con tal merced
atrevimientos soldados;
  que, con algún desatino
haré, negándolo vos,
cosa en ofensa de Dios
que remedien mi camino.

Caballero

Huélgome que despachado
de Madrid salga tan bien,
y que en Nápoles le den
premios de tan buen soldado;
  pero vuesa merced viene
en coyuntura terrible.
Por agora es imposible
socorrelle, que no tiene

	esta casa un solo real; pero procure volver mañana, que podría ser acudirle.
Capitán (Aparte.)	(¡Pesia a tal! A «mañana», y con «podría» me remite. ¡Juro a Dios!) Que he de salir a las dos de la noche.
Caballero	Por un día no es mucho que se detenga.
Capitán	¡Voto a Dios! Que aunque procure hurtarlo...
Caballero	Paso, no jure.
Capitán	Pues no me diga que venga tantas veces, que un hidalgo de mis prendas y valor suele...
Caballero	Dígame, señor: ¿por dicha débole algo?
Capitán	Débeme mucho si mide el empacho que me mueve, porque al noble se le debe lo que con vergüenza pide. Mas no importa, que escalando un par de casas tendré con que pagar, y me iré

	de hipócritas murmurando. ¡Voto a Cristo, que quien ruega a quien guerras nunca ha visto!
Caballero	Pues ¿qué culpa tiene Cristo de lo que un hombre le niega?
Capitán	Es costumbre envejecida.
Caballero	Prométame no jurar por su vida, y le haré dar lo que pide.
Capitán	¿Por mi vida? ¿Es censo? Aqueso sería morirme yo.
Caballero	¿Y por un año?
Capitán	Es un siglo.
Caballero	¡Vicio extraño! ¿Un mes?
Capitán	Tampoco.
Caballero	¿Y un día?
Capitán	Por un día, aunque es tormento, vaya, yo lo cumpliré.
Caballero	¡Jurará!
Capitán	No juraré;

	¡por el Santo Sacramento!
Caballero	¿Pues jura?
Capitán	Esto es despedirme del juramento postrero.
Caballero	Vuelva peor ese dinero luego.
Capitán	Tengo de partirme esta noche.
Caballero	Haré empeñar cuanto tengo.
Capitán	Voy seguro; mas ¡voto...!
Caballero	¿Jura?
Capitán (Aparte.)	No juro. (¡Voto á Dios que iba a votar!)
(Vase.)	
Caballero	No sé cómo cumplir pueda lo que tengo prometido a este soldado afligido el corto plazo que queda. Dentro de un hora vendrá por los docientos ducados, y por excusar pecados, ¿qué no hallándolos hará?

　　　　　　Por remediarle con ellos
　　　　　he de buscarlos; no hay prenda
　　　　　mi Dios, que empeñe ni venda,
　　　　　ni traza para tenellos.
　　　　　　Socorred esta desgracia
　　　　　y volved, Señor, por mí;
　　　　　mas ¿qué es esto?

(Sale un Ángel en traje de caballero.)

Ángel　　　　　　　　¿Vive aquí
　　　　　el Caballero de Gracia?

Caballero　　　　　Yo soy el que buscáis.

Ángel　　　　　Cierta persona me envía
　　　　　A que en alguna obra pía,
　　　　　de las muchas en que estáis
　　　　　　todo el tiempo entretenido,
　　　　　gastéis docientos ducados
　　　　　que os traigo en oro.

Caballero　　　　　　　　Cuidados,
　　　　　el cielo os ha socorrido;
　　　　　　no sé con qué os satisfaga
　　　　　la ocasión que llegáis;
　　　　　a Dios, señor, los prestáis,
　　　　　segura tenéis la paga.

(Saca un libro de caja.)

　　　　　　En este libro apercibo
　　　　　lo que yo a pagar no basto,
　　　　　en él asiento su gasto

| | y en él pongo su recibo.
| | Firmad aquí que le dais
| | esos docientos ducados
| | a Dios, hidalgo, prestados.

Ángel   ¿Para qué a Dios los cargáis
   si al fin los recibís vos?

Caballero   Es ésta costumbre mía.

Ángel   Dios, Jacobo, os los envía,
   agradecedlos a Dios.

(Cáesele la capa y sombrero y vuela el Ángel.)

Caballero   ¡Válgame el cielo! ¿Qué es esto?
   Desapareció y se fue
   el que socorrió mi fe.
   De su talle y rostro honesto
      ¿será mucho que imagine
   que es Ángel vuestro mi Dios?
   Mas esto, juzgarlo Vos
   cuando yo no determine
      la verdad de esta ventura,
   aunque en el tiempo que corre
   solo es Dios el que socorre
   la pobreza a coyuntura.
      Buen fiador en Vos he hallado,
   pues mi palabra cumplís,
   y liberal no sufrís
   que se quiebre.

(Sale el Capitán.)

Capitán
                    ¿Habéis hallado
aquel dinero, señor,
porque he de partirme luego?

Caballero
                    Nunca Dios desprecia el ruego
de quien le pide favor.
   Tomad y partíos seguro,
vuestras deudas socorred;
pero hacedme a mí merced
de no jurar.

Capitán
                        Ya no juro,
   que, como os tengo por santo,
si vuestro gusto no sigo,
temo del cielo el castigo.

Caballero
                    No es nobleza jurar tanto;
   pues sois caballero vos
hablad como caballero.

Capitán
                    Seguir el consejo espero
que me dais. Adiós.

Caballero
                              Adiós.

(Sale Lamberto, Sabina, Fisberto y otros.)

Lamberto
                    Jacobo, dadnos albricias,
aunque por lo que ganamos
que os las demos es más justo;
ya Juan Bautista Cataño,
cardenal de San Marcelo
el sumo Pontificado,
goza en la romana Silla,

                        y con el nombre de Urbano
                        Séptimo tiene en sus hombros
                        de toda la iglesia el cargo.
                        Por muerte de Sixto Quinto
                        todo el Colegio Romano
                        le adora por vice Dios.

Caballero   ¡Gracias a los cielos santos!

Lamberto   El cardenal, mi señor,
                        su sobrino, ha perdonado
                        mis travesuras.

Sabina   Y libre
                        a vuestra instancia, Conrado,
                        volviéndole a recibir
                        en su servicio y amparo,
                        también reduce a Lamberto,
                        y su hacienda y mayorazgo
                        le restituye y perdona,
                        por lo que debemos daros
                        las gracias mi hermano y yo.

Caballero   Dadme en albricias los brazos.

Lamberto   Partirémonos a Roma al punto.

Caballero   A la iglesia vamos
                        a darle el pláceme a Dios,
                        de su divino vicario,
                        que yo, después que en mi casa
                        seguro hospicio haya dado
                        a los clérigos menores
                        de virtud espejos claros,

          pienso partirme a Toledo
          a ordenarme de orden santo,
          por que siendo sacerdote
          tome el cielo con las manos.

(Sale Ricote de clérigo menor con un gran bonete.)

Ricote	Del ocio y mundo repudio; no más chanzas y barrancos, adiós, Inés fugitiva, ya renuncio tu estropajo.
Fisberto	Ricote: ¿qué traje es éste?
Ricote	Éste es un traje esquinado con cuernos que no deshonran; ¿no me ven embonetado? Pues por mí dicen que dijo nuestro refrán castellano lo de «a come de bonete».
Caballero	Huélgome que reformado estéis de vida y costumbres.
Ricote	Padre Ricote me llamo.
Caballero	Vamos a ver la princesa, que no poco se habrá holgado con la elección acertada de su santidad.
Lamberto	Es tanto lo que de este caballero hay que decir, que lo guardo

para la segunda parte,
por lo que habéis estimado
al Caballero de Gracia
en Madrid sus cortesanos.

Fin de la comedia

Libros a la carta

A la carta es un servicio especializado para
empresas,
librerías,
bibliotecas,
editoriales
y centros de enseñanza;
y permite confeccionar libros que, por su formato y concepción, sirven a los propósitos más específicos de estas instituciones.
Las empresas nos encargan ediciones personalizadas para marketing editorial o para regalos institucionales. Y los interesados solicitan, a título personal, ediciones antiguas, o no disponibles en el mercado; y las acompañan con notas y comentarios críticos.
Las ediciones tienen como apoyo un libro de estilo con todo tipo de referencias sobre los criterios de tratamiento tipográfico aplicados a nuestros libros que puede ser consultado en Linkgua-ediciones.com.
Linkgua edita por encargo diferentes versiones de una misma obra con distintos tratamientos ortotipográficos (actualizaciones de carácter divulgativo de un clásico, o versiones estrictamente fieles a la edición original de referencia).
Este servicio de ediciones a la carta le permitirá, si usted se dedica a la enseñanza, tener una forma de hacer pública su interpretación de un texto y, sobre una versión digitalizada «base», usted podrá introducir interpretaciones del texto fuente. Es un tópico que los profesores denuncien en clase los desmanes de una edición, o vayan comentando errores de interpretación de un texto y esta es una solución útil a esa necesidad del mundo académico.
Asimismo publicamos de manera sistemática, en un mismo catálogo, tesis doctorales y actas de congresos académicos, que son distribuidas a través de nuestra Web.
El servicio de «libros a la carta» funciona de dos formas.
1. Tenemos un fondo de libros digitalizados que usted puede personalizar en tiradas de al menos cinco ejemplares. Estas personalizaciones pueden ser de todo tipo: añadir notas de clase para uso de un grupo de estudiantes, introducir logos corporativos para uso con fines de marketing empresarial, etc. etc.

2. Buscamos libros descatalogados de otras editoriales y los reeditamos en tiradas cortas a petición de un cliente.

www.ingramcontent.com/pod-product-compliance
Lightning Source LLC
LaVergne TN
LVHW041338080426
835512LV00006B/511